Woolly Hugs

VeronikaHug.com

AF627801

FAIR ISLE MUSTER STRICKEN

MUSTERSTARKE DESIGNS
IN TRADITIONELLEM STIL

CV

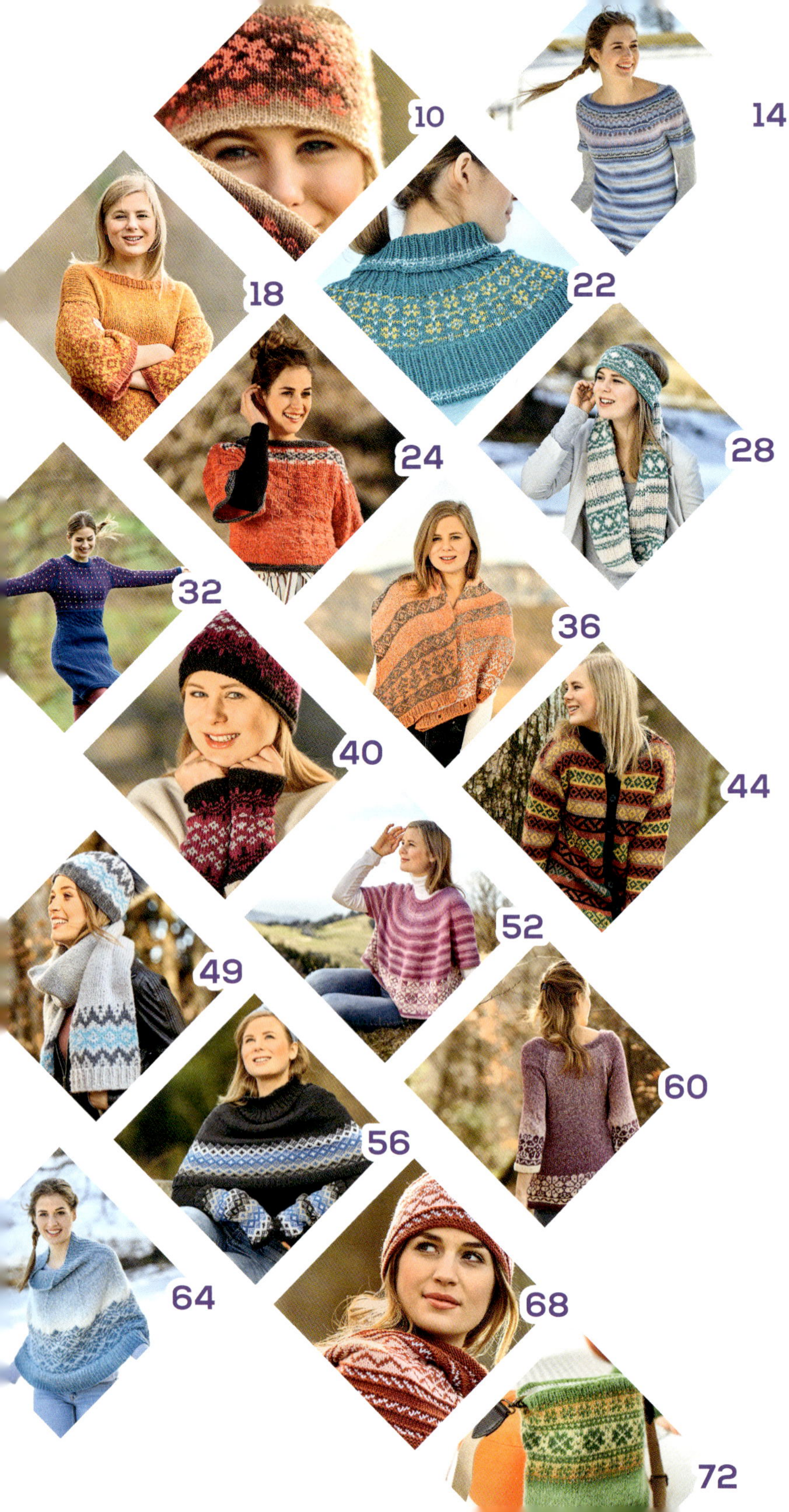

INHALT

ECHT STARKE MUSTER

Fair-Isle-Muster gehen auf eine traditionelle Art von Jacquardmustern zurück, benannt nach dem Ort ihrer Herkunft, der Shetlandinsel Fair Isle. Mit den grafischen Mustern aus verschiedenfarbigen Garnen entstehen atemberaubend schöne Strickstücke.

Fair-Isle-Stricken ist nicht so schwer, wie es auf den ersten Blick scheint. Meist werden nur zwei Farben pro Reihe verwendet. Anfangs braucht es etwas Geduld, um für sich herauszufinden, wie man die beiden Fäden am besten hält. Danach geht das Stricken nach den anschaulichen Zählmustern recht flott. Der Workshop auf den nächsten Seiten und der Grundkurs Stricken am Ende des Buches liefern wertvolle Hinweise zur Technik. Für Einsteiger empfehlen wir etwas dickere Garne, etwa ab Nadelstärke 4 aufwärts. Sucht man sich dann noch einen Schal oder Loop als Anfänger-Modell aus, ist der Erfolg schon fast garantiert.

Designerin Silvia Jäger hat sich wunderschöne Modelle und Accessoires einfallen lassen. So können die Muster mal als Streifen oder Bordüre eingesetzt werden oder über ein ganzes Oberteil verlaufen. Wer einmal den Bogen raus hat, wird Freude daran haben, durch Austauschen von Farben und Mustern weitere tolle Werke zu erschaffen.

Viel Spaß und Erfolg beim Stricken wünschen

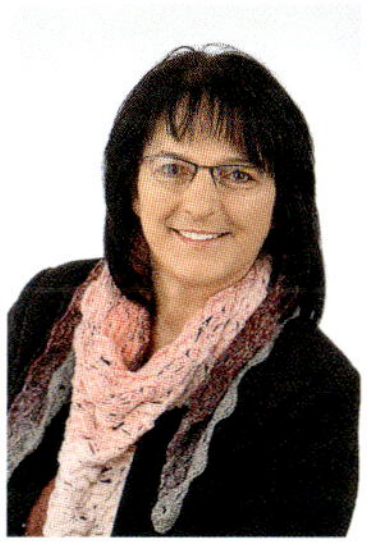

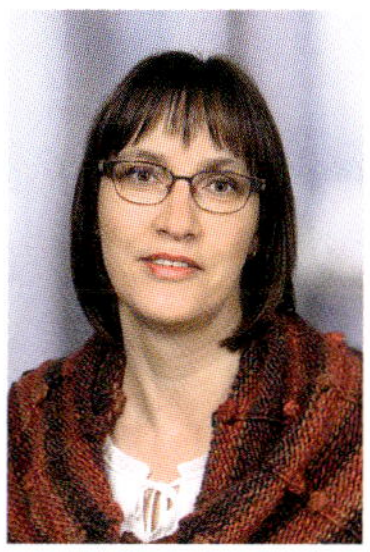

Veronika Hug und Silvia Jäger

Vielleicht treffen wir uns demnächst auf Facebook, wenn ihr uns euer Werk zeigt!
Alle Infos findet ihr auf meiner Homepage VeronikaHug.com.

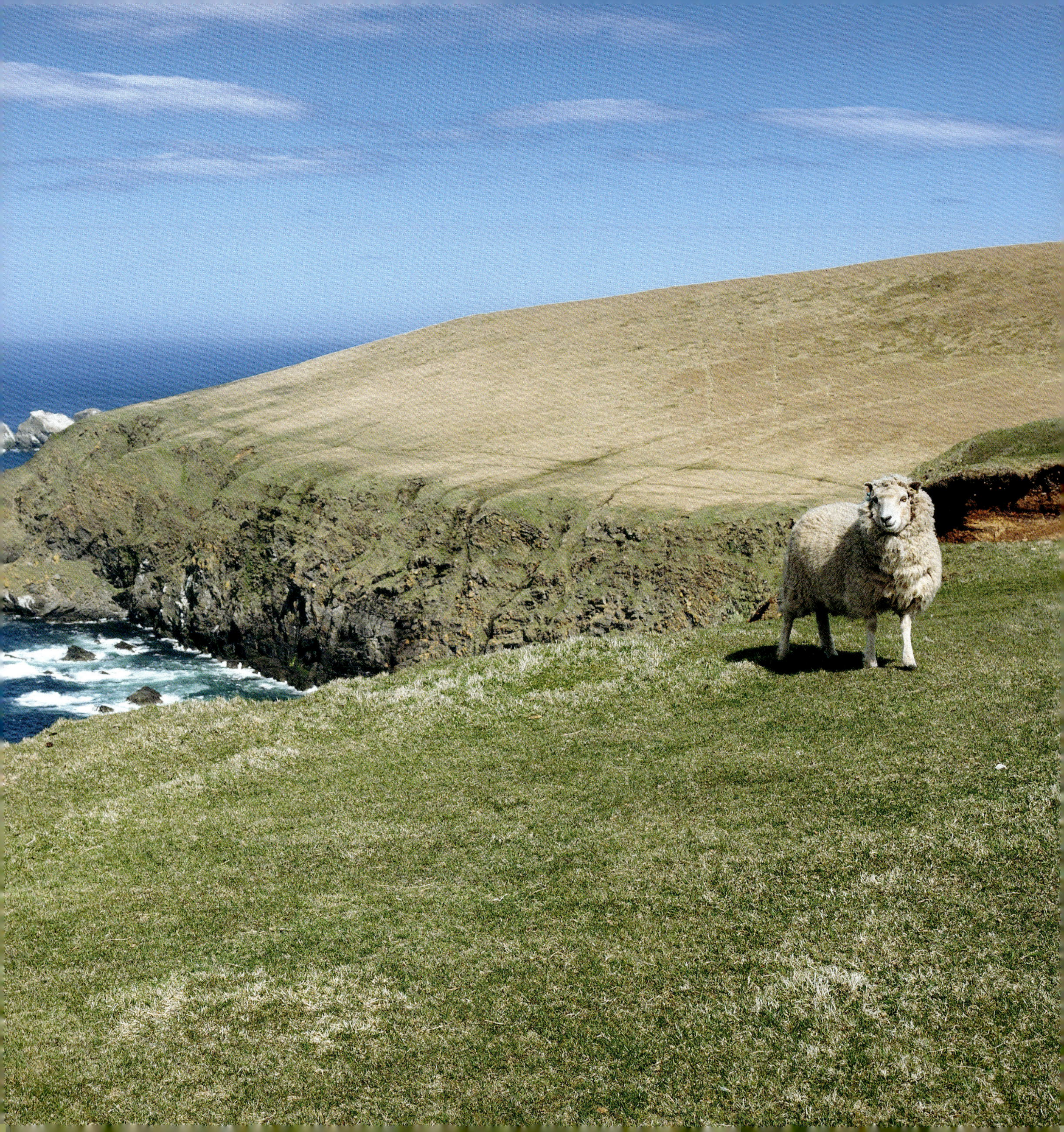

GESCHICHTE DES FAIR-ISLE-STRICKENS

Der Begriff »Fair-Isle-Stricken« wird heute oft als Synonym für Jacquard- oder Einstrick- bzw. Norwegermuster verwendet. Es handelt sich dabei um glatt rechts gestrickte grafische Muster, die mit verschiedenfarbigen Garnen erzeugt werden.

Fair-Isle-Muster im engeren Sinn gehen auf eine lange schottische Stricktradition zurück. Sie sind nach den typischen Mustern der kleinen schottischen Insel Fair Isle benannt, der südlichsten Insel der Shetlandinseln. Fair-Isle-Muster bestehen meist aus kleinen Mustersätzen, die, oft im Wechsel mit anderen kleinen Mustern, stetig wiederholt werden und so horizontale »Bänder« bilden. Die traditionellen Muster basieren auf den Formen »X« und »O«, in deren Mitte sich kleine Sterne oder Kreuze befinden. Auch Anker, Herzen, Blumen, Farne und andere Motive, die das Leben auf der Insel widerspiegeln, werden gern beim Fair-Isle-Stricken verwendet.

Fair-Isle-Strickwaren gibt es schon seit etwa 400 Jahren, die Anfänge des Fair-Isle-Strickens sind jedoch nicht dokumentiert. Die »Insel der Vögel und Pullover«, wie die nicht einmal acht Quadratkilometer große Insel auch genannt wird, war früher durch ihre exponierte geografische Lage ein wichtiger Stützpunkt für die Schifffahrt und den Handel. Es wird vermutet, dass die Muster durch Handelsbeziehungen mit anderen Völkern auf die Insel gelangten und dort mit den eigenen Materialien umgesetzt und weiterentwickelt wurden. Gemeinsamkeiten mit der baltischen Stricktradition, aber auch Ähnlichkeiten der Muster zu maurischen Ornamenten ließen sich dadurch erklären.

Die Herstellung von Strickwaren ist neben der Fischerei und der Landwirtschaft einer der Haupterwerbszweige der Insel. Die Fair-Isle-Pullover werden aus handgesponnener Wolle der auf der Insel gehaltenen Shetland-Schafe gefertigt. Charakteristisch für diese Wolle ist, dass sich durch die Kräuselung der Fasern besonders warme Kleidungsstücke herstellen lassen, selbst wenn das Garn dünn gesponnen ist. Diese Eigenschaft begünstigte sicher die Entstehung der kunstvollen Muster. Bis zum Beginn des 20. Jahrhunderts wurden die Garne meist ungefärbt verarbeitet. Die seit den 1920er-Jahren übliche industrielle Färbung ermöglicht eine beeindruckende Vielfalt von Farben und verhalf damit den Strickwaren von Fair Isle zu ihrer heutigen Beliebtheit.

Während Mitte des 19. Jahrhunderts noch circa 360 Menschen auf Fair Isle lebten, ist die Einwohnerzahl mittlerweile auf circa 55 Personen gesunken. Doch auch heute gibt es noch Designer, welche die über Jahrhunderte gepflegte Tradition fortführen. Die herkömmlich gestrickten Pullover sind weltweit sehr begehrt und werden auch von Mitgliedern des britischen Königshauses getragen.

WORKSHOP SPANNFÄDEN EINWEBEN

Fair-Isle-Muster werden nach Zählmustern in den darin angegebenen Farben in Jacquard- oder Norwegertechnik glatt rechts gearbeitet. Es wird pro Reihe oder Runde gleichzeitig mit maximal zwei Farben gestrickt. Dabei wird der unbenutzte Faden stets locker auf der Rückseite der Arbeit mitgeführt. Um innerhalb des Einstrickmusters lange Spannfäden auf der Rückseite zu vermeiden, wird der mitgeführte Faden beidseitig eingewebt. Damit sich beim Stricken in Hin- und Rückreihen die letzte Masche in der Farbe des Einstrickmusters nicht verzieht, wird der mitgeführten Faden einseitig eingewebt.

Fadenspannung

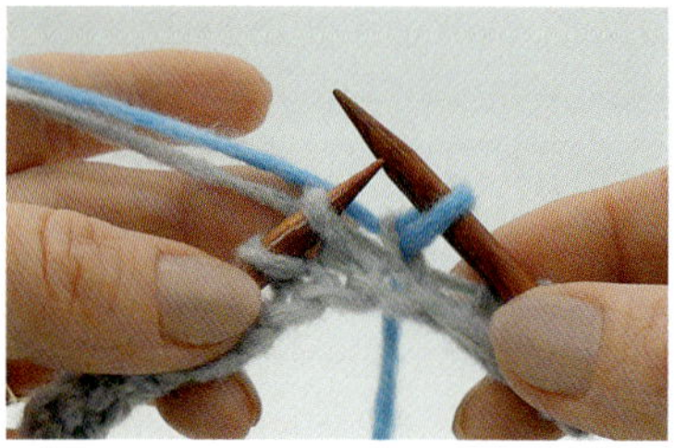

Beim Farbwechsel den unbenutzten Faden locker auf der Rückseite der Arbeit mitführen. Dazu die Maschen der rechten Nadel etwas auseinanderschieben, sodass sich das Gestrick nicht zusammenzieht. Für ein gleichmäßiges Maschenbild ist bei der Fadenhaltung darauf zu achten, dass in jeder Reihe/Runde die Farbe für den Hintergrund am Finger oben und die Farbe für das Einstrickmuster am Finger unten entlang geführt wird.

Beidseitiges Einweben

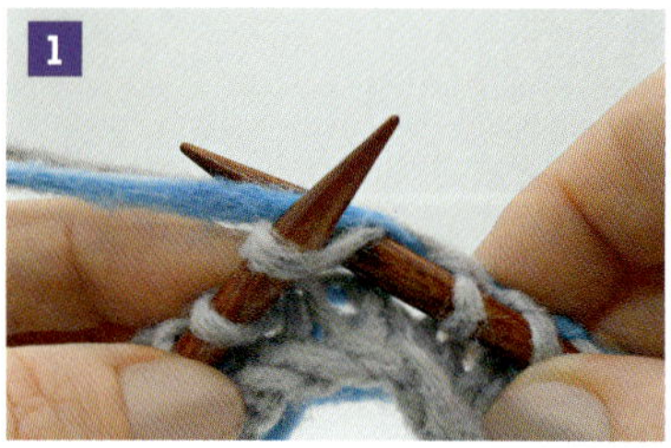

1

In Hinreihen: In die Masche zum Rechtsstricken einstechen, den mitgeführten Faden über die rechte Nadel legen, darunter durch den Arbeitsfaden holen und die Masche rechts stricken. Der mitgeführte Faden wird nicht mitgestrickt.

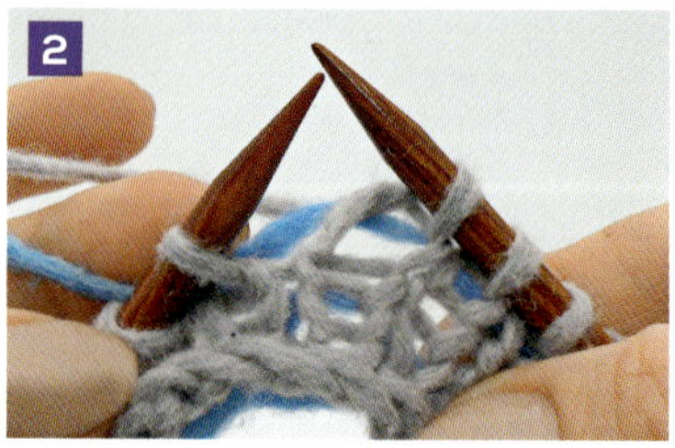

2

Den mitgeführten Faden vor den Arbeitsfaden legen und die nächste Masche rechts stricken.

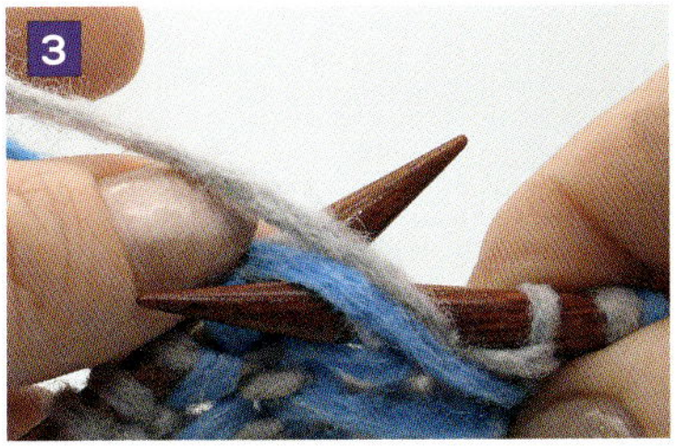

In Rückreihen: In die Masche zum Linksstricken einstechen, den mitgeführten Faden über die rechte Nadel legen, den Arbeitsfaden holen und die Masche links stricken. Der mitgeführte Faden wird nicht mitgestrickt.

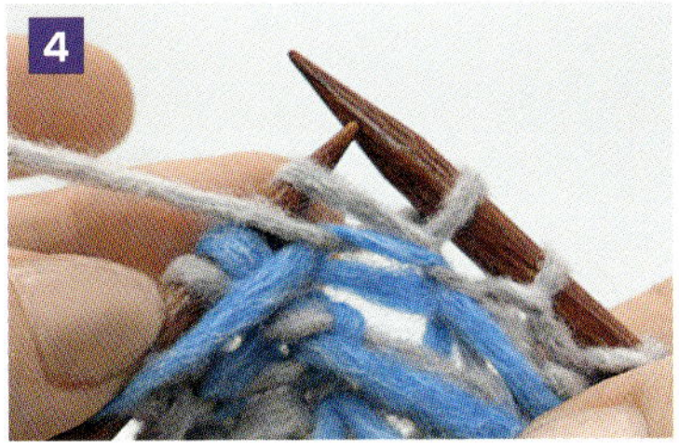

Den mitgeführten Faden hinter den Arbeitsfaden legen und die nächste Masche links stricken.

Einseitiges Einweben

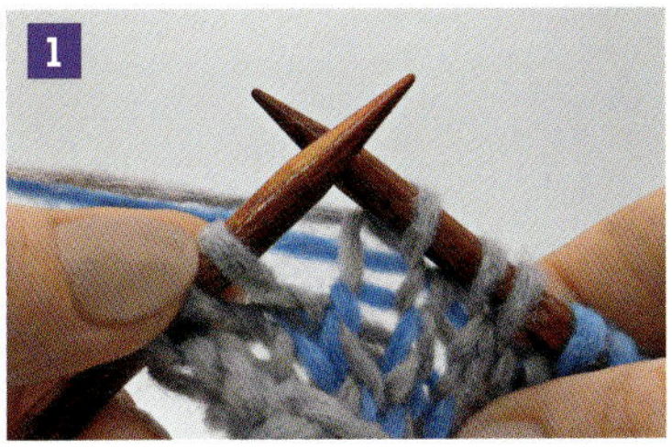

In Hinreihen: Wie beim beidseitigen Einweben in Hinreihen in die Masche zum Rechtsstricken einstechen, den mitgeführten Faden über die rechte Nadel legen, den Arbeitsfaden holen und die Masche rechts stricken. Dann den mitgeführten Faden hinter den Arbeitsfaden legen und die nächste Masche rechts stricken.

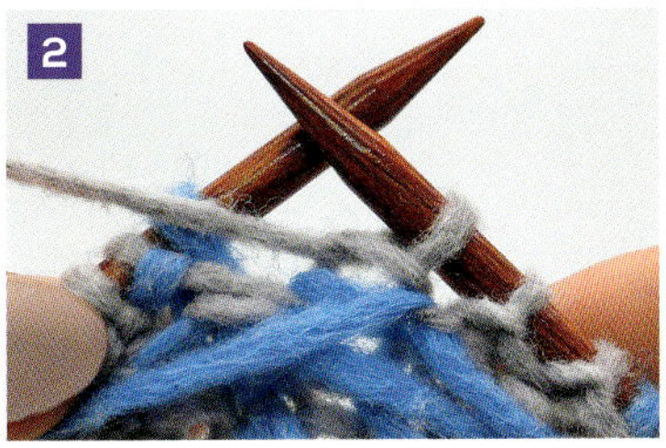

In Rückreihen: Wie beim beidseitigen Einweben in Rückreihen in die Masche zum Linksstricken einstechen, den mitgeführten Faden über die rechte Nadel legen, den Arbeitsfaden holen und die Masche links stricken. Dann den mitgeführten Faden vor den Arbeitsfaden legen und die nächste Masche links stricken.

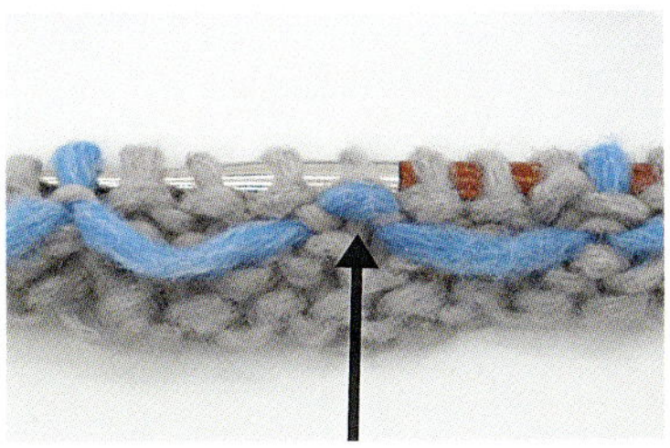

So sieht ein beidseitig eingewebter Spannfaden auf der Rückseite aus.

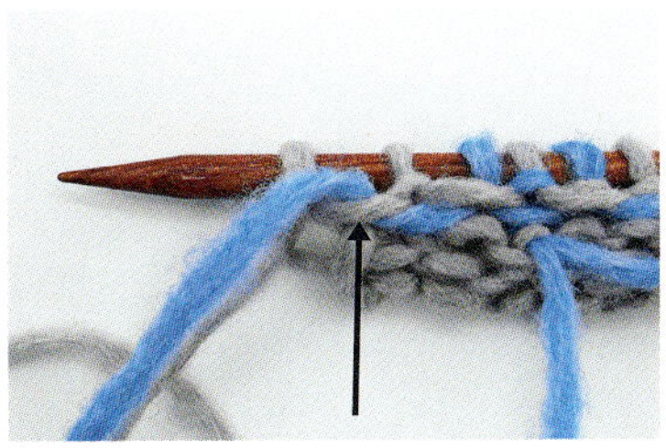

So sieht ein einseitig eingewebter Spannfaden auf der Rückseite aus.

SHETLAND

Loop & Stirnband

Maße Loop: 120 cm Umfang, 21 cm hoch · Größe Stirnband: 52–56 cm Kopfumfang, 12 cm hoch

MATERIAL

- Woolly Hugs YEAR SOCKS (75 % Schurwolle, 25 % Polyamid, Lauflänge ca. 400 m/100 g) von L&K (www.VeronikaHug.com): 200 g Braun-Töne (November – Farbe 11), 100 g Rot-Töne (Oktober – Farbe 10)
- 1 kurze und 1 normale Rundstricknadel Nr. 3–4

MUSTER

Glatt links in Runden: Alle Maschen links stricken.

Glatt rechts in Runden: Alle Maschen rechts stricken.

Fair-Isle-Muster: Die Maschenzahl muss durch 14 teilbar sein. Laut Zählmuster in Jacquardtechnik stricken, dabei den unbenutzten Faden stets locker auf der Rückseite der Arbeit mitführen (siehe Workshop, Seite 8/9). In der Breite den gezeichneten Mustersatz (MS) stets wiederholen.

Maschenprobe: 21 Maschen x 35 Reihen = 10 x 10 cm

SO WIRD'S GEMACHT

Loop

Der Loop wird doppellagig gestrickt. An der Vorderseite des Loops beginnen. In Farbe 1 mit der normalen Rundstricknadel 252 Maschen anschlagen und zur Runde schließen. Für die untere Umbruchkante 2 Runden glatt links, dann 4 Runden glatt rechts stricken. Weiter im Fair-Isle-Muster in den

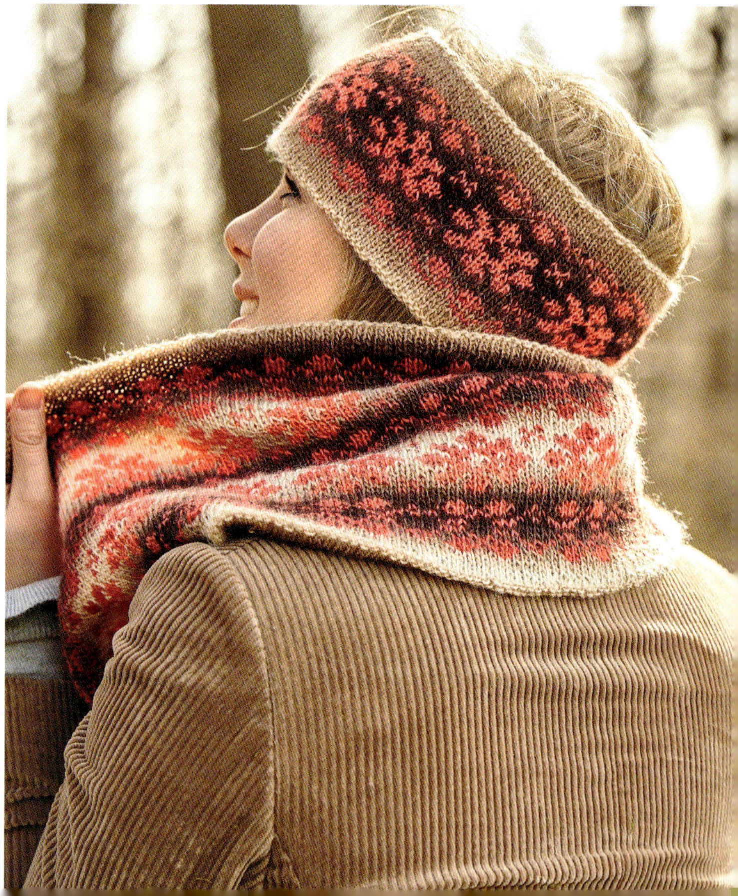

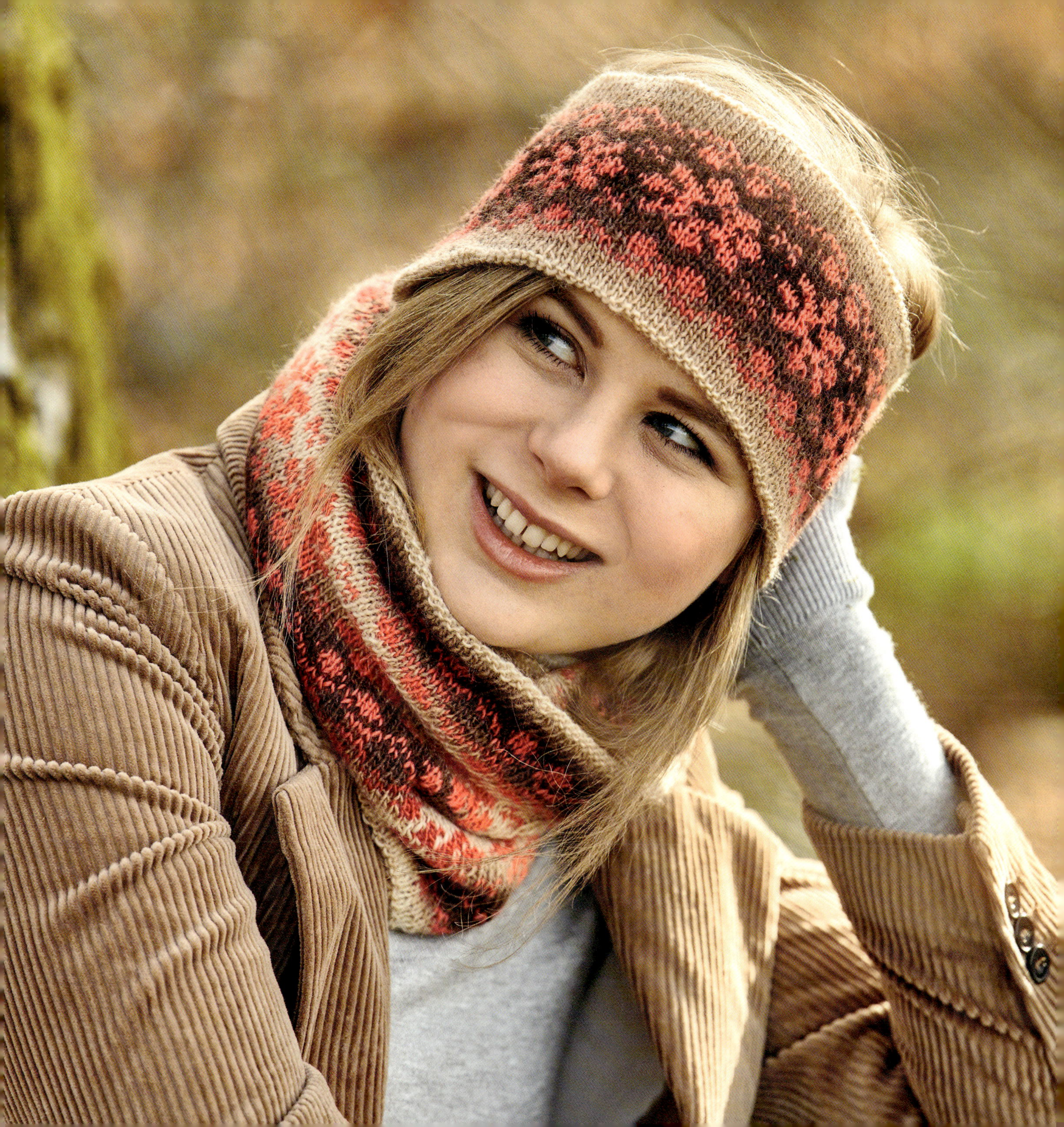

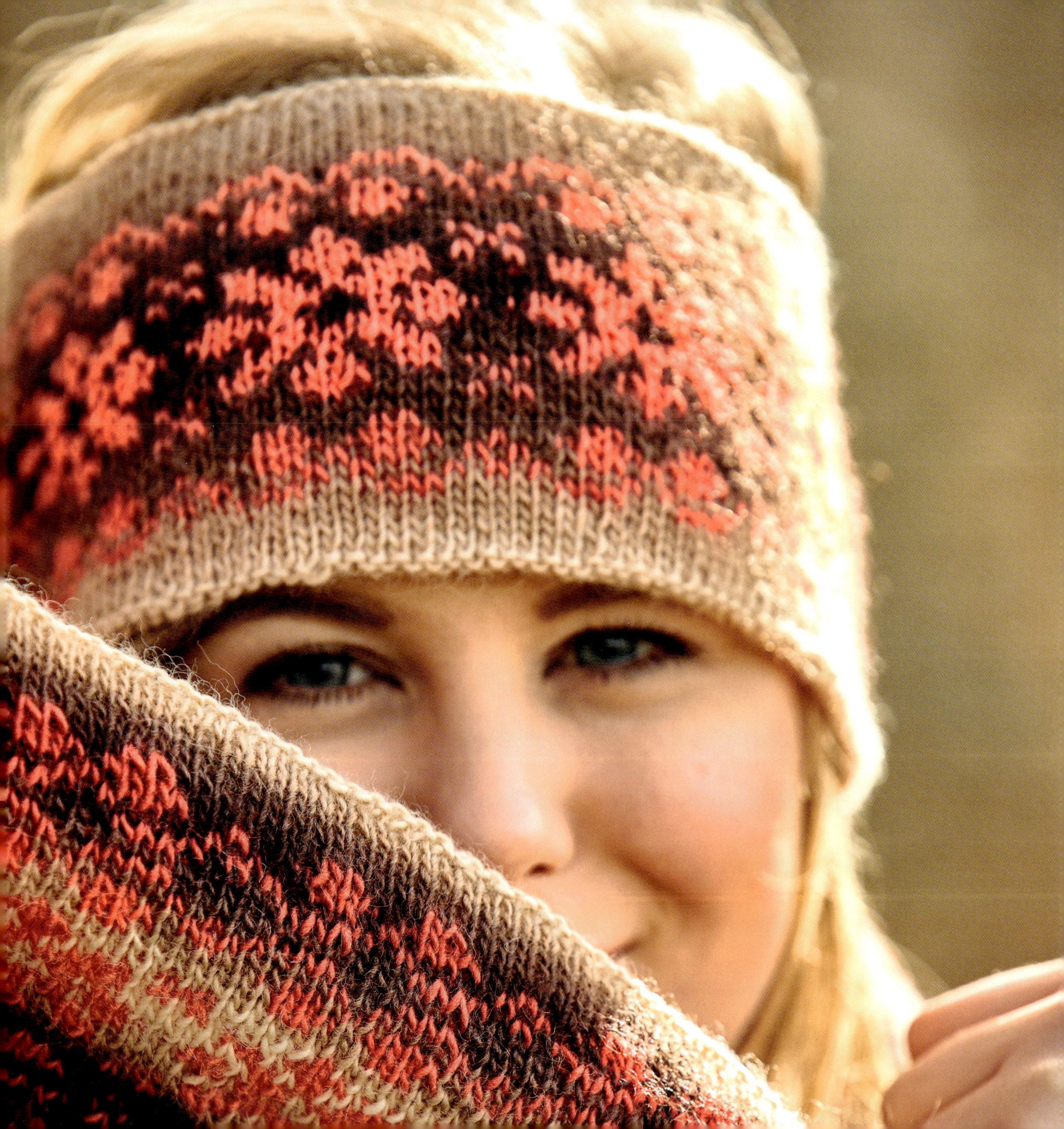

angegebenen Farben laut Zählmuster die 1.–37. Runde 1 x stricken, anschließend nochmals die 12.–37. Runde arbeiten. Weiter in Farbe 1 stricken: 4 Runden glatt rechts und 2 Runden glatt links für die obere Umbruchkante. Dann für die Rückseite des Loops 21 cm glatt rechts in Farbe 1 stricken und alle Maschen locker abketten. Die Abkettrunde mit den Anschlagmaschen zusammennähen.

Stirnband

Das Stirnband wird doppellagig gestrickt. An der Vorderseite des Stirnbands beginnen. In Farbe 1 mit der kurzen Rundstricknadel 112 Maschen anschlagen und zur Runde schließen. Für die untere Umbruchkante 2 Runden glatt links, dann 5 Runden glatt rechts stricken. Dann im Fair-Isle-Muster in den angegebenen Farben laut Zählmuster die 7.–31. Runde 1 x stricken. Anschließend weiter in Farbe 1 stricken: 5 Runden glatt rechts und 2 Runden glatt links für die obere Umbruchkante. Nun für die Rückseite des Stirnbands 35 Runden glatt rechts in Farbe 1 stricken und alle Maschen locker abketten. Die Abkettrunde mit den Anschlagmaschen zusammennähen.

Zählmuster

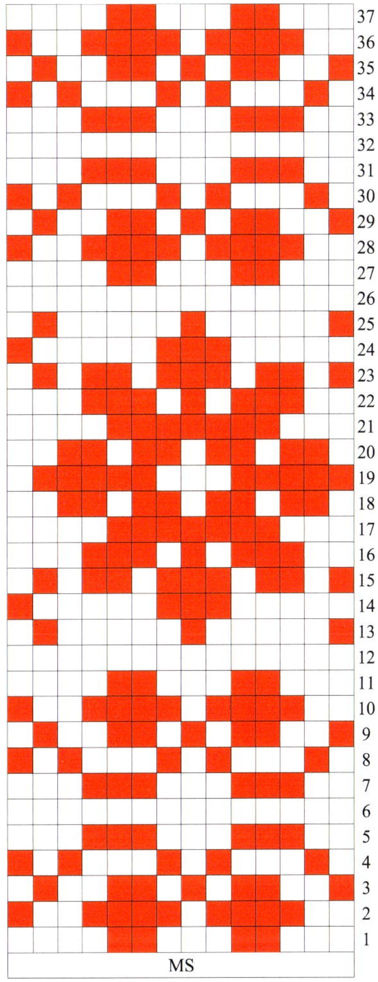

Zeichenerklärung

☐ = 1 Masche rechts in Farbe 1 – Braun-Töne

■ = 1 Masche rechts in Farbe 2 – Rot-Töne

MS = Mustersatz

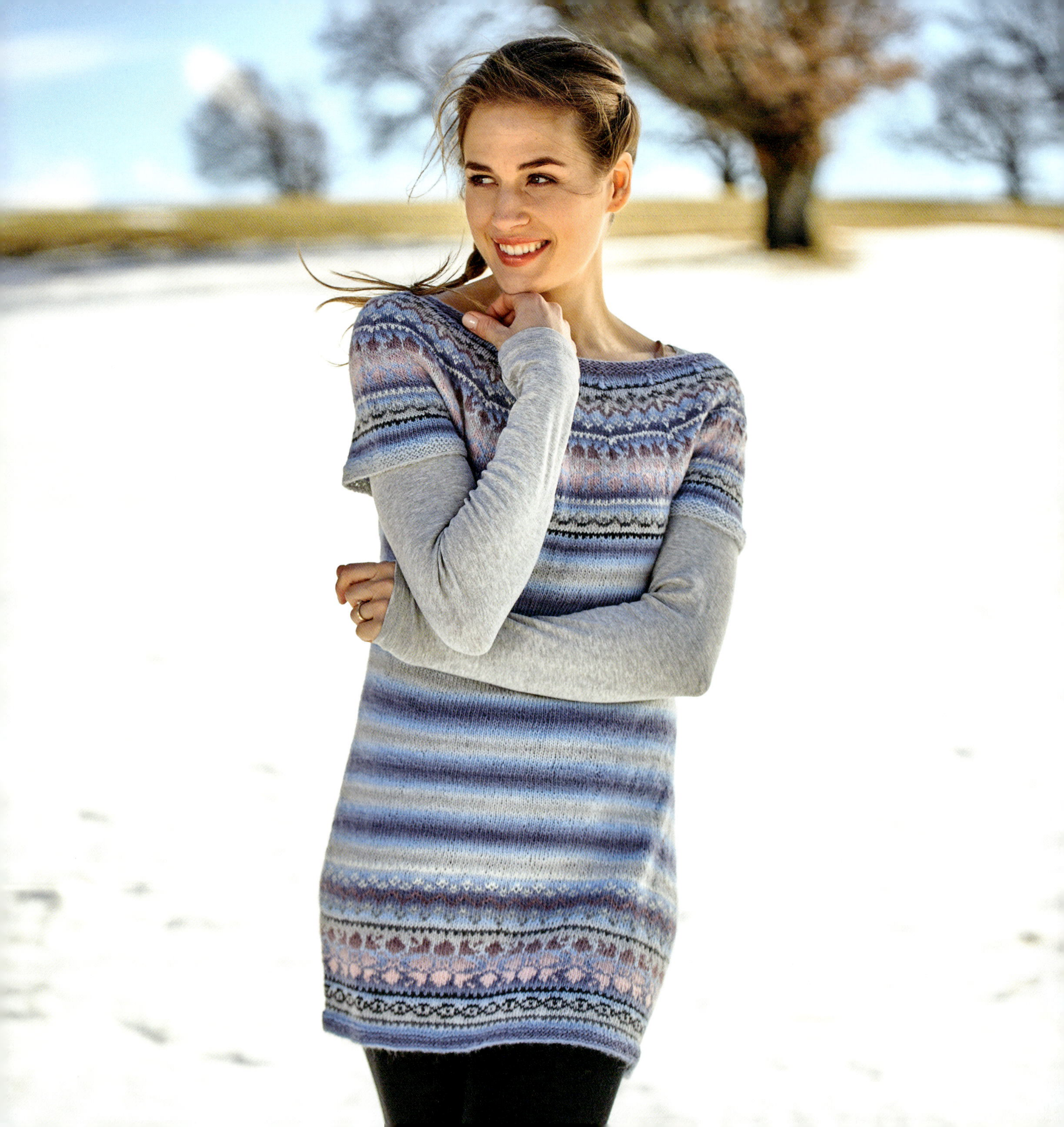

FAIRY

Tunika

Größe: 36–38 (40–42) 44–46

MATERIAL

- Woolly Hugs YEAR SOCKS (75 % Schurwolle, 25 % Polyamid, Lauflänge ca. 400 m/100 g) von L&K (www.VeronikaHug.com): 400 (500) 600 g Blau-Töne (Juni – Farbe 06), je 100 g Grau-Schwarz-Töne (Dezember – Farbe 12) und Pink-Töne (April – Farbe 04)
- 1 kurze und 1 normale Stricknadel Nr. 3–4

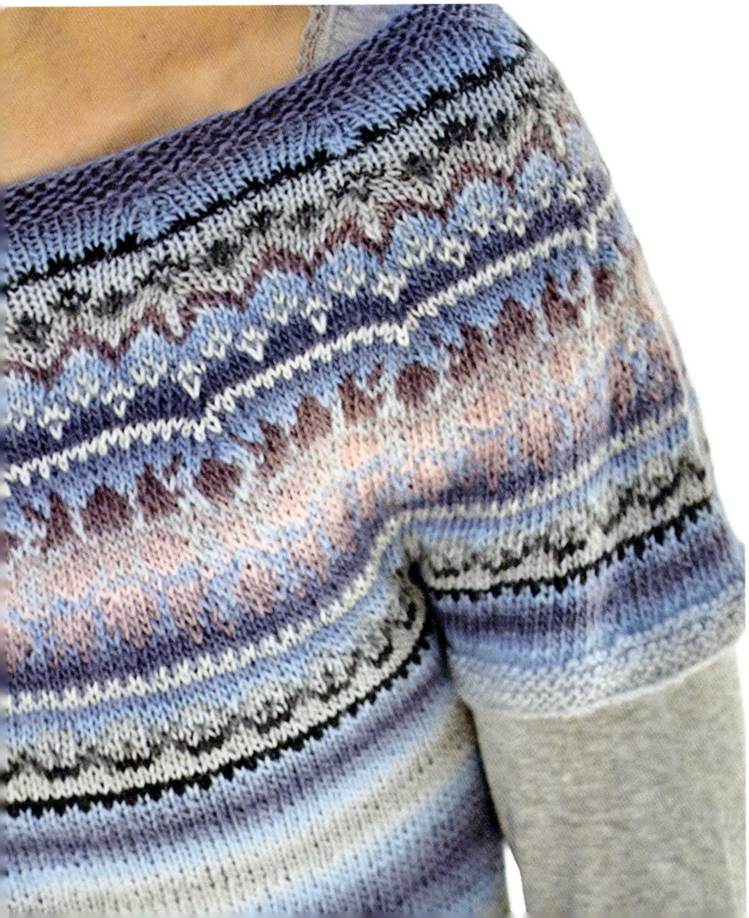

MUSTER

Kraus rechts in Runden: 1 Runde rechte, 1 Runde linke Maschen im Wechsel stricken.

Glatt rechts in Runden: Alle Maschen rechts stricken.

Fair-Isle-Muster: Die Maschenzahl muss durch 24 teilbar sein. Laut Zählmuster 1 und 2 in Jacquardtechnik stricken, dabei den unbenutzten Faden stets locker auf der Rückseite der Arbeit mitführen (siehe Workshop, Seite 8/9). In der Breite den gezeichneten Mustersatz (MS) stets wiederholen.

Maschenprobe: 23 Maschen x 34 Reihen = 10 x 10 cm

SO WIRD'S GEMACHT

Für das **Vorder-** und **Rückenteil** am unteren Saum beginnend in Farbe 1 (siehe Zeichenerklärung) mit der normalen Rundstricknadel 240 (264) 288 Maschen anschlagen und zur Runde schließen. 8 Runden kraus rechts stricken. Weiter im Fair-Isle-Muster laut Zählmuster 1 arbeiten. Den gezeichneten MS in der Breite 10 (11) 12 x stricken. Die 1.–57. Runde 1 x arbeiten. Dann glatt rechts in Farbe 1 weiterstricken, dabei für die Seitenschräge in der 58. Runde und 6 (7) 8 x in jeder 10. Runde an beiden Seiten je 3 Maschen überzogen zusammenstricken = 212 (232) 252 Maschen. Weiter glatt rechts stricken und nach 54 (55,5) 57 cm ab Anschlag die Maschen stilllegen.

Für die **Ärmelblenden** in Farbe 1 mit der kurzen Rundstricknadel 74 (88) 102 Maschen anschlagen, zur Runde schließen und 8 Runden kraus rechts stricken.

Nun für die **Passe** alle Maschen wie folgt zusammenführen: die 106 (116) 126 Maschen des Vorderteils, die 74 (88) 102 Maschen des rechten Ärmels, die 106 (116) 126 Maschen des Rückenteils und die 74 (88) 102 Maschen des linken Ärmels = 360 (408) 456 Maschen. Über alle Maschen 6 (10) 14 Runden glatt rechts in Farbe 1 stricken. Dann im Fair-Isle-Muster laut Zählmuster 1 in den angegebenen Farben die 1.–32. Runde 1 x stricken, hierfür den gezeichneten MS jeweils 15 (17) 19 x arbeiten. Anschließend für die Schulterrundung die 33.–57. Runde laut Zählmuster 2 arbeiten, dabei die Abnahmen wie eingezeichnet vornehmen = 120 (136) 152 Maschen. In Farbe 1 noch 6 (10) 14 Runden glatt rechts und 8 Runden kraus rechts stricken. Alle Maschen locker abketten.

Zählmuster 2

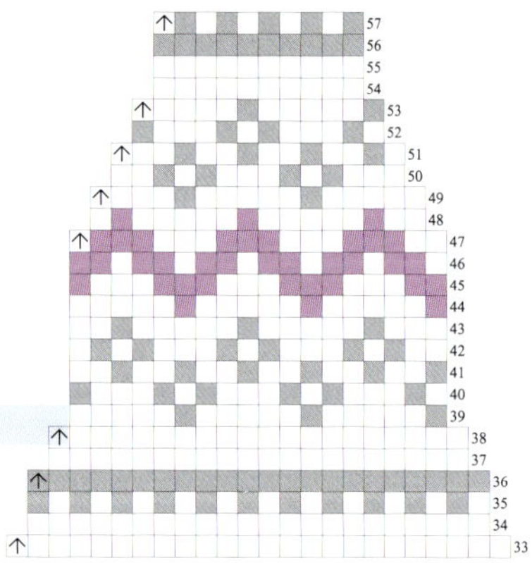

Zählmuster 1

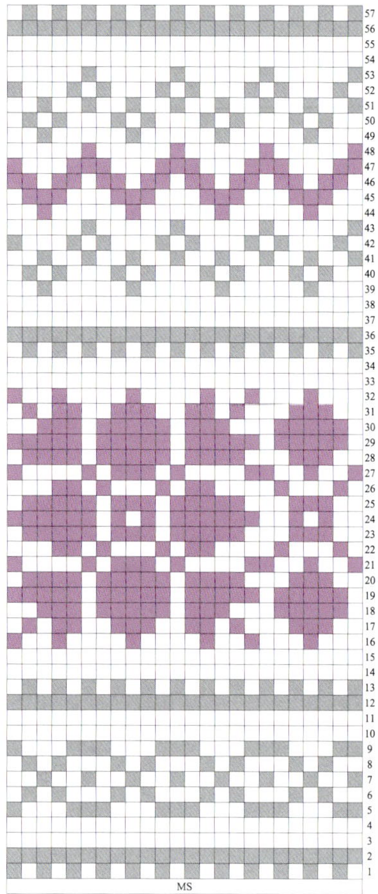

Zeichenerklärung

- ▨ = 1 Masche rechts in Farbe 1 – Blau-Töne
- □ = 1 Masche rechts in Farbe 2 – Grau-Schwarz-Töne
- ▨ = 1 Masche rechts in Farbe 3 – Pink-Töne
- ↑ = 3 Maschen überzogen zusammenstricken

MS = Mustersatz

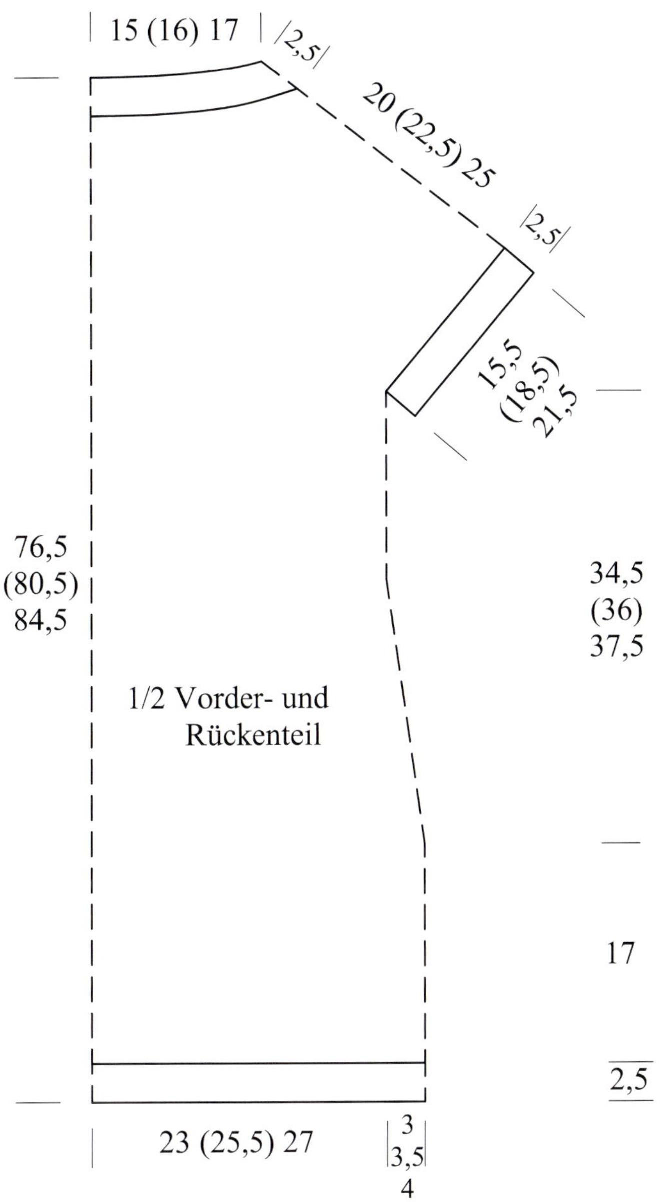
15 (16) 17
2,5
20 (22,5) 25
2,5
15,5 (18,5) 21,5
76,5 (80,5) 84,5
34,5 (36) 37,5
1/2 Vorder- und Rückenteil
17
2,5
23 (25,5) 27
3
3,5
4

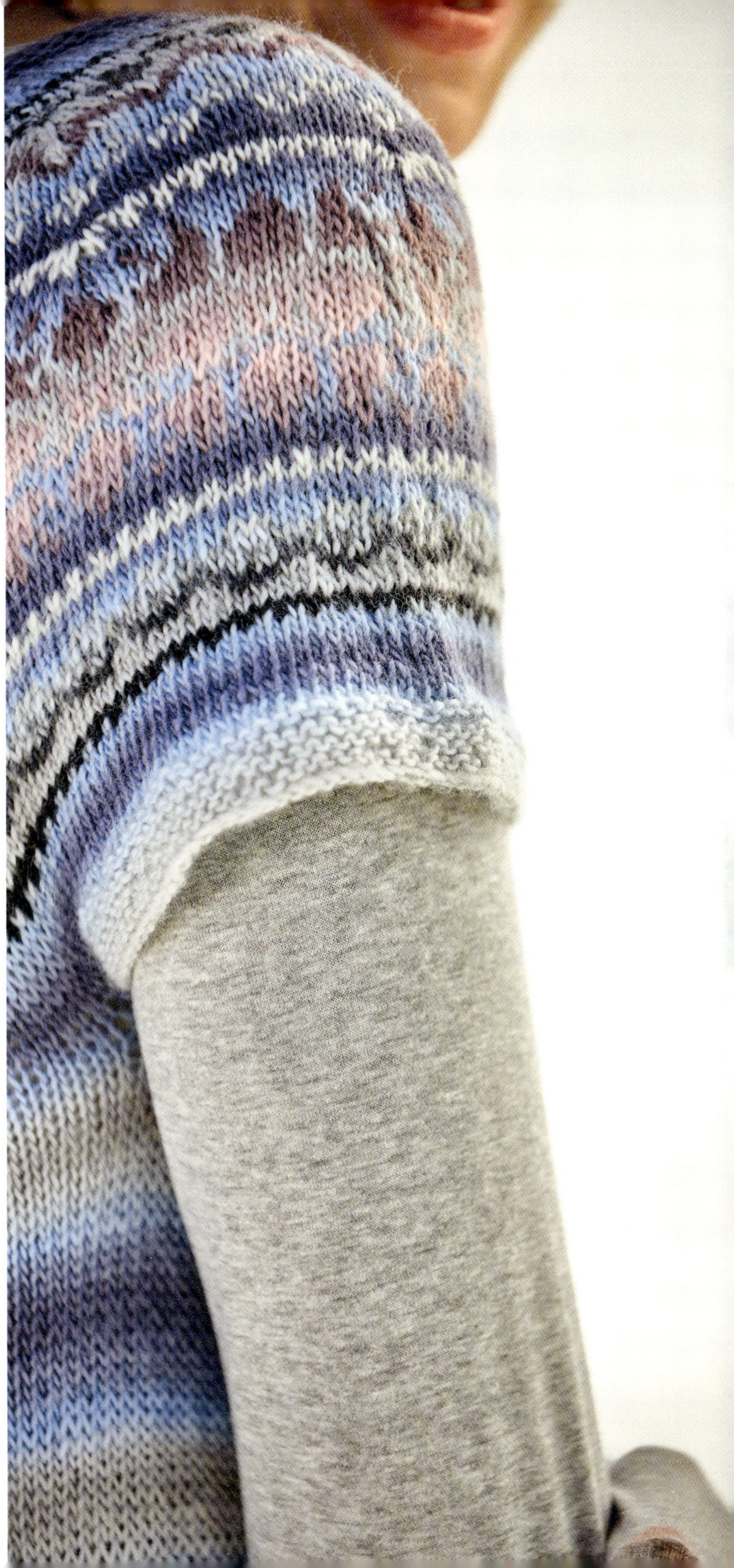

PILGRIM

Pullover

Größe: 36-40 (42-46) 48-52

MATERIAL

- Woolly Hugs CLOUD (94 % Schurwolle Merino, 6 % Polyamid, Lauflänge ca. 300 m/100 g) von L&K (www.VeronikaHug.com): 400 (600) 600 g Orange-Gelb (Farbe 189)
- 1 kurze und 1 normale Rundstricknadel Nr. 6

MUSTER

Randmaschen: Die 1. Masche wie zum Linksstricken abheben, der Faden liegt vor der Arbeit. Die letzte Masche rechts stricken.

Rippenmuster: 1 Masche rechts, 1 Masche links im Wechsel stricken.

Blende über 6 Maschen: Im Rippenmuster arbeiten, die Randmaschen jeweils wie oben beschrieben.

Glatt rechts in Reihen: In Hinreihen rechte, in Rückreihen linke Maschen stricken.

Fair-Isle-Muster in Reihen: Die Maschenzahl muss durch 14 teilbar sein, plus 3 Maschen, damit das Muster links und rechts aufgeht, plus 2 Randmaschen bzw. plus 12 Blendenmaschen. Laut Zählmuster in Jacquardtechnik stricken, dabei den unbenutzten Faden stets locker auf der Rückseite der Arbeit mitführen (siehe Workshop, Seite 8/9). Mit den Maschen vor dem Mustersatz (MS) beginnen, den MS stets wiederholen, enden mit den Maschen nach dem MS.

Fair-Isle-Muster in Runden: Die Maschenzahl muss durch 14 teilbar sein. Laut Zählmuster in Jacquardtechnik stricken, dabei den unbenutzten Faden stets locker auf der Rückseite der Arbeit mitführen (siehe Workshop, Seite 8/9). In der Breite den Mustersatz (MS) stets wiederholen.

Maschenprobe glatt rechts: 17 Maschen x 20 Reihen = 10 x 10 cm

Maschenprobe im Blendenmuster: 20 Maschen x 20 Reihen = 10 x 10 cm

Hinweis: Das Knäuel hat einen langen, einfachen Farbverlauf, der sich über die komplette Lauflänge erstreckt. Man kann es wunschgemäß von außen oder von innen abstricken. Der Farbverlauf ist bei jedem Knäuel gleich. Für die kleine Größe benötigt man pro Ärmel sowie für das Vorderteil und das Rückenteil je 1 Knäuel. Für die mittlere und große Größe benötigt man je Ärmel 1 Knäuel, für das Vorderteil und das Rückenteil jeweils 2 Knäuel.

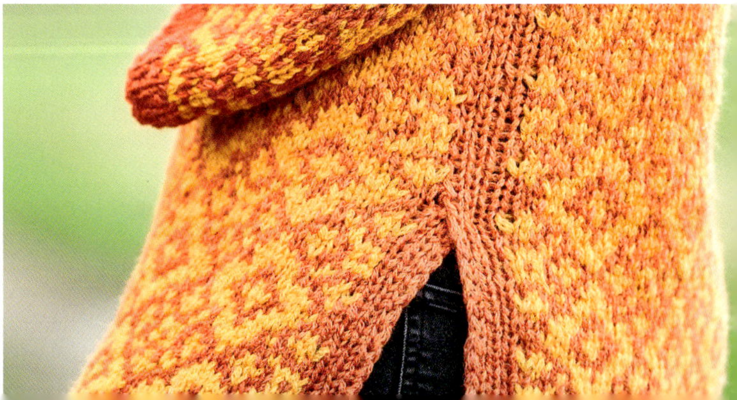

SO WIRD'S GEMACHT

Mit den **Ärmeln** beginnen. Je Ärmel ein Knäuel für Farbe 1 (siehe Zeichenerklärung) von außen und gleichzeitig für Farbe 2 von innen abstricken. Mit der kurzen Rundstricknadel 70 (84) 98 Maschen in Farbe 1 anschlagen und zur Runde schließen. 5 Runden im Rippenmuster stricken, dann im Fair-Isle-Muster arbeiten. Die 1.–14. Runde 4 x arbeiten, mit einer 1. Runde enden. Alle Maschen locker abketten.

Für das **Rückenteil** bei der kleinen Größe ein Knäuel für Farbe 1 von außen und gleichzeitig für Farbe 2 von innen abstricken. Bei der mittleren und großen Größe je ein Knäuel von außen als Farbe 1 und ein Knäuel von innen als Farbe 2 abstricken. Mit der normalen Rundstricknadel 85 (99) 113 Maschen in Farbe 1 anschlagen und 5 Reihen im Rippenmuster stricken. Dann in folgender Maschenaufteilung weiterarbeiten: 6 Blendenmaschen (die Randmaschen in der Strickschrift entfallen), 73 (87) 101 Maschen im Fair-Isle-Muster und 6 Blendenmaschen. Die 1.–14. Reihe des Zählmusters 4 x arbeiten und mit einer 1. Reihe enden. Die Blenden beidseitig weiterführen und die mittleren 73 (87) 101 glatt rechts in Farbe 1 weiterstricken. Wenn das Knäuel aufgebraucht ist, bei der kleinen Größe das Restknäuel eines Ärmels farbgleich anstricken, bei den großen Größen das 2. Knäuel des Rückenteils farbgleich anstricken. Nach 50 (48) 46 cm ab Anschlag beidseitig 5 Maschen abketten und die 6. Blendenmasche als Randmasche weiterstricken. Noch 17 (21) 25 cm über 75 (89) 103 Maschen glatt rechts stricken. Für den hinteren Halsausschnitt die mittleren 25 Maschen abketten und beide Seiten getrennt beenden. Am inneren Rand für die Rundung in jeder 2. Reihe 1 x 2 Maschen und 1 x 1 Masche abketten. Nach 3 cm ab Halsausschnittbeginn die restlichen 22 (29) 36 Maschen abketten.

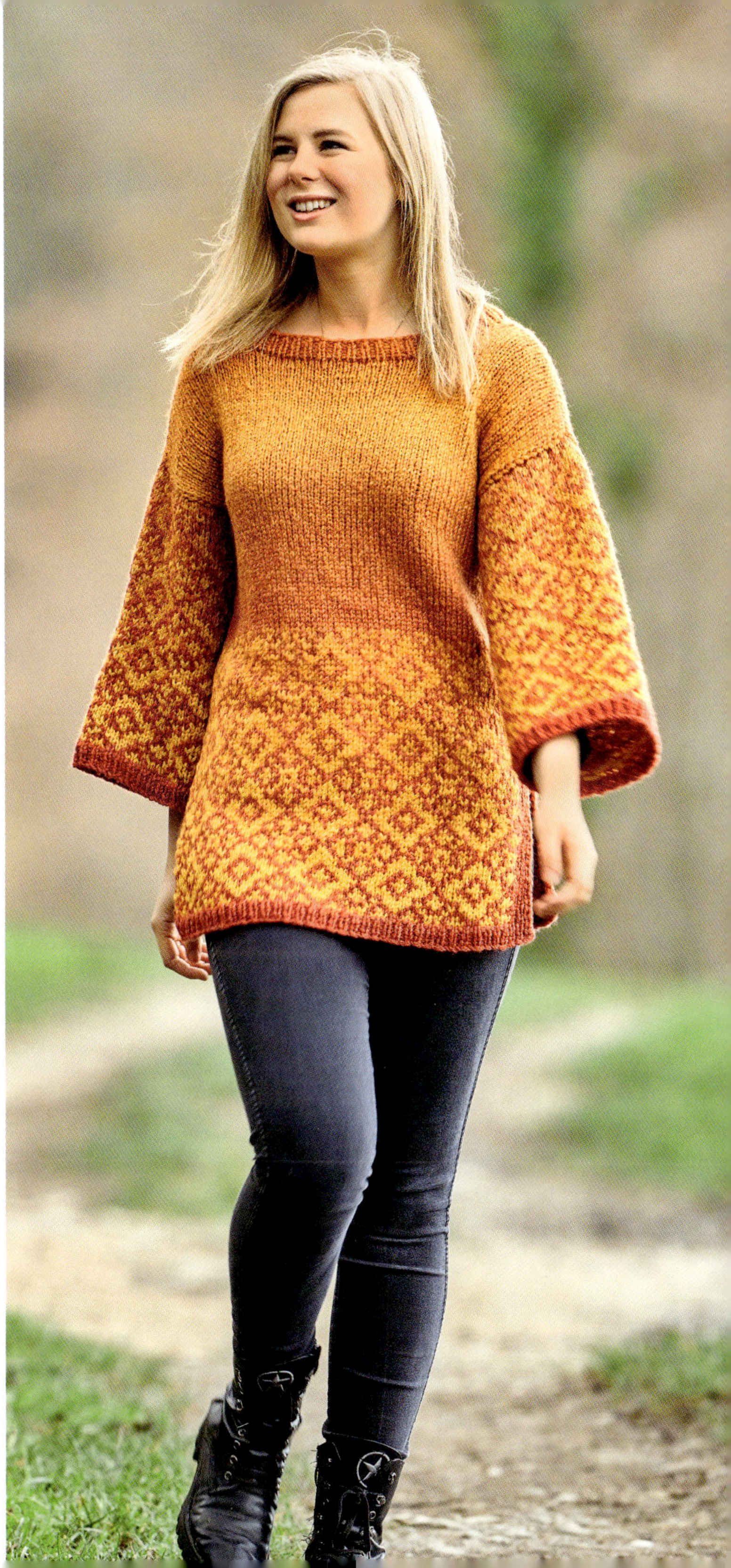

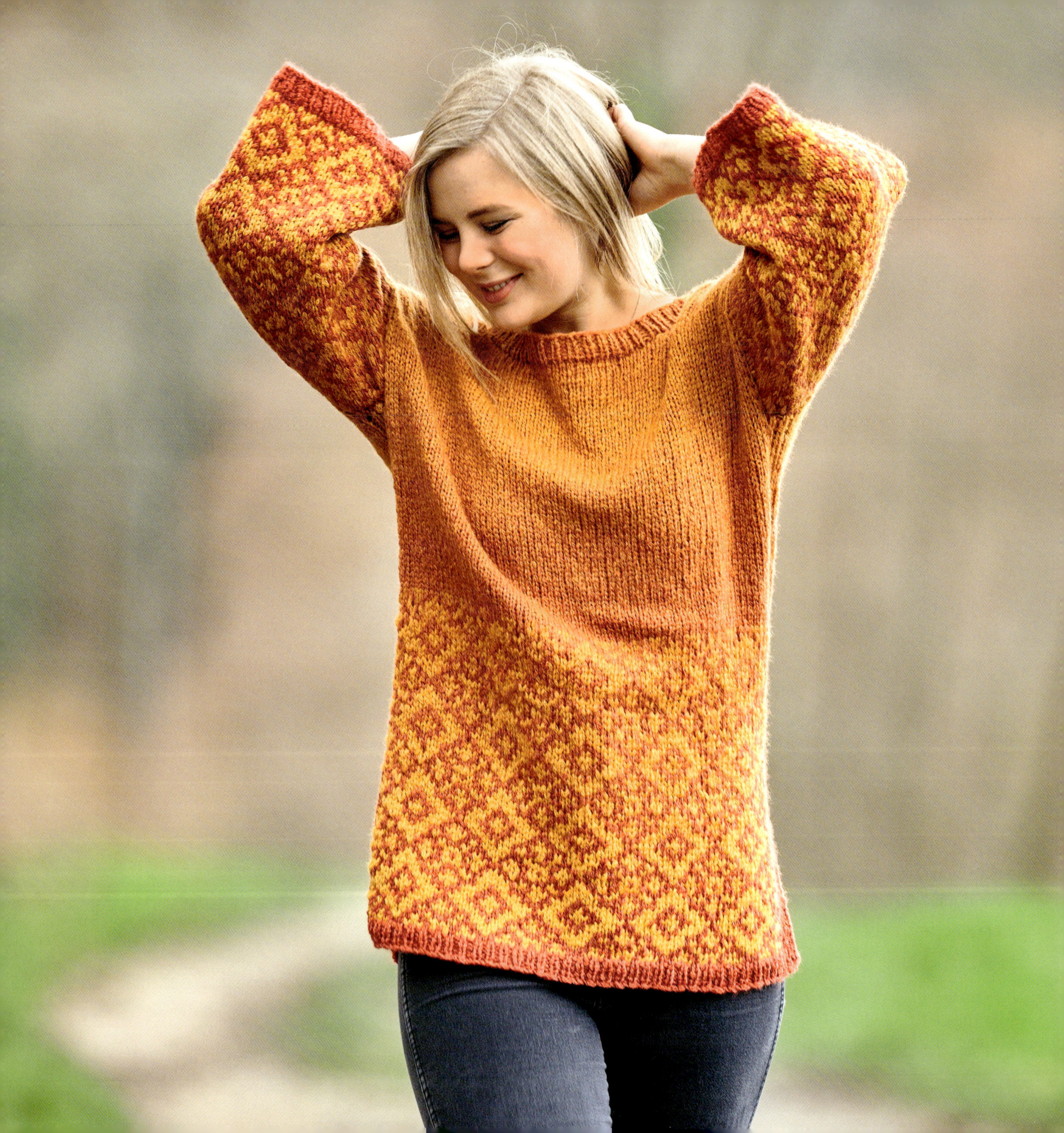

Das **Vorderteil** wie das Rückenteil beginnen. Nach 23 cm ab Anschlag beidseitig 5 Maschen abketten und die 6. Blendenmasche als Randmasche stricken. Weiter mit 75 (89) 103 Maschen laut Zählmuster und nach insgesamt 4 MS glatt rechts in Farbe 1 stricken. Nach 64 (66) 68 cm ab Anschlag für den vorderen Halsausschnitt die mittleren 19 Maschen abketten und beide Seiten getrennt beenden. Am inneren Rand für die Rundung in jeder 2. Reihe 2 x 2 Maschen und 2 x 1 Masche abketten. Nach 6 cm ab Halsausschnittbeginn die restlichen 22 (29) 36 Maschen abketten.

Fertigstellung

Die Schmalseiten der Blenden (die 5 abgeketteten Maschen) des Vorderteils von innen an die Blenden des Rückenteils annähen und fortlaufend nach oben die Seitennähte bis zum Blendenende schließen. Die Schulternähte schließen und die Ärmel einsetzen. Mit der kurzen Rundstricknadel am Halsausschnitt 84 Maschen auffassen, 5 Runden im Rippenmuster stricken und alle Maschen abketten.

Zählmuster

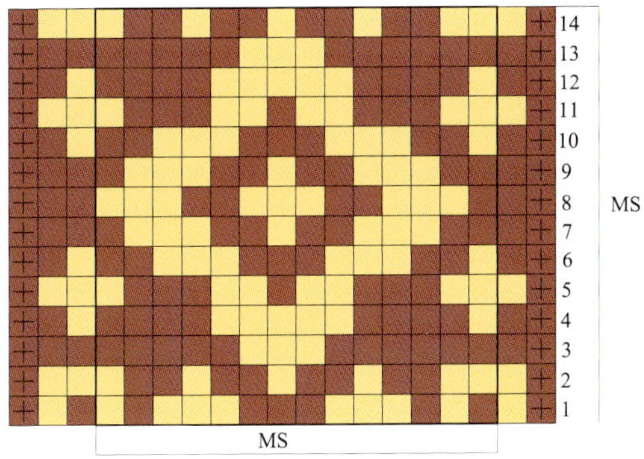

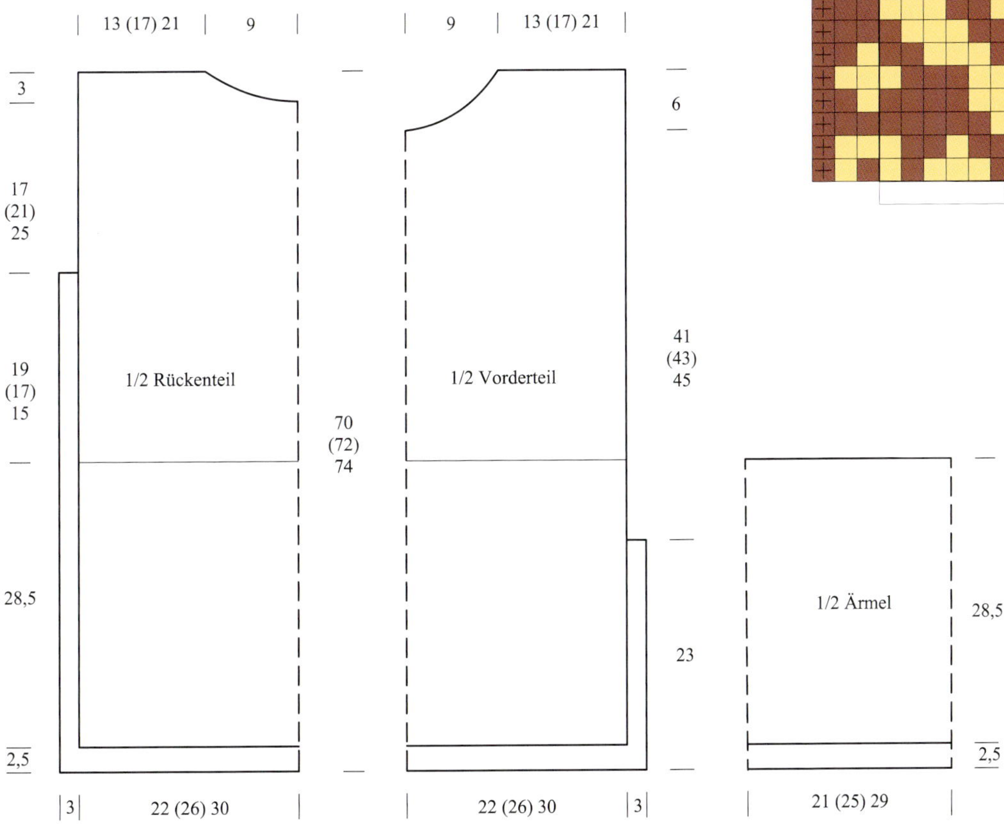

Zeichenerklärung

= 1 Masche rechts in Farbe 1 – das Knäuel von außen abstricken

= 1 Masche rechts in Farbe 2 – das Knäuel von innen abstricken

= 1 Randmasche in Farbe 1

MS = Mustersatz

THE FLESS

Schalkragen

Größe: 36-40 (42-46) 48-52, Maße: 32 (34) 36 cm hoch

MATERIAL

- Woolly Hugs CHARITY (75 % Wolle, 15 % Polyamid, 10 % Polylactid, Lauflänge ca. 100 m/50 g) von L&K (www.VeronikaHug.com): 150 (200) 250 g Petrol (Farbe 67) und je 50 g Jade (Farbe 63) und Gelb (Farbe 22)
- 1 kurze und 1 normale Rundstricknadel Nr. 3,5-4,5

MUSTER

Rippenmuster in Runden: 1 Masche rechts, 2 Maschen links im Wechsel stricken.

Glatt rechts in Runden: Alle Maschen rechts stricken.

Fair-Isle-Muster in Runden: Die Maschenzahl muss durch 12 teilbar sein. Laut Zählmuster in Jacquardtechnik stricken, dabei den unbenutzten Faden stets locker auf der Rückseite der Arbeit mitführen (siehe Workshop, Seite 8/9). In der Breite den gezeichneten Mustersatz (MS) stets wiederholen. In der Höhe die 1.-25. Runde 1 x arbeiten.

Maschenprobe: 20 Maschen x 26 Reihen = 10 x 10 cm

SO WIRD'S GEMACHT

Am unteren Rand beginnend in Petrol 252 (288) 324 Maschen anschlagen und zur Runde schließen. Weiter im Rippenmuster 2 Runden in Petrol, 1 Runde in Jade, 1 Runde in Petrol, 1 Runde in Jade und 20 (22) 24 Runden in Petrol arbeiten. In der letzten Runde im Rippenmuster jede 2.und 3. Masche links zusammenstricken = 168 (192) 216 Maschen. Weiter im Fair-Isle-Muster laut Zählmuster in den angegebenen Farben arbeiten. Den gezeichneten MS in der Breite 14 (16) 18 x stricken. Die 1.-25. Runde laut Zählmuster 1 x arbeiten. Nun 15 (18) 21 Runden in Petrol im Rippenmuster stricken, dabei in der 1. Runde fortlaufend jede 3. und 4. Masche links zusammenstricken = 126 (144) 162 Maschen. Damit der Kragenüberschlag das gleiche Muster wie das Kragenunterteil hat, das Rippenmuster ab der nächsten Runde umgekehrt arbeiten: alle links gestrickten Maschen werden rechts und alle rechts gestrickten Maschen werden links gestrickt. Insgesamt noch 25 Runden in Petrol, 1 Runde in Jade, 1 Runde in Petrol, 1 Runde in Jade und 2 Runden in Petrol arbeiten. Alle Maschen locker abketten.

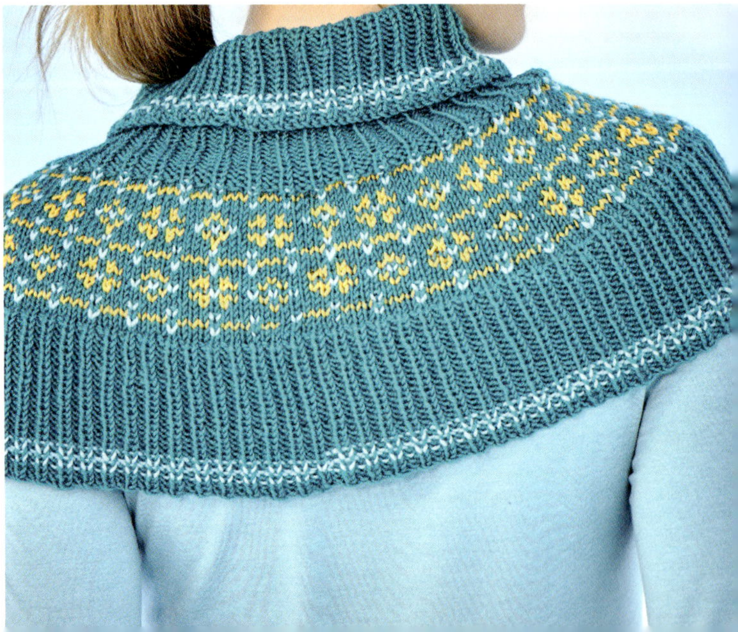

Zählmuster

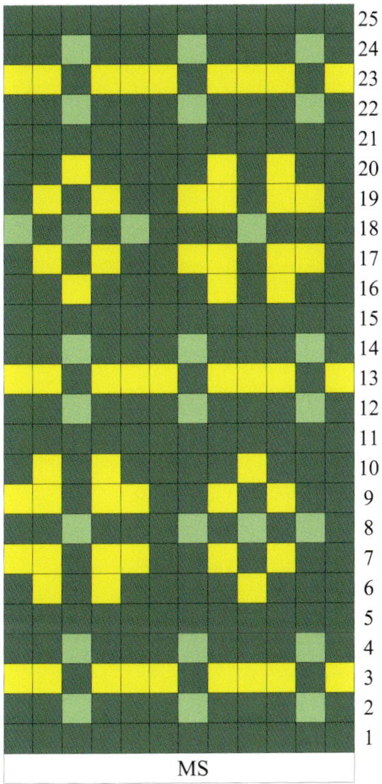

Zeichenerklärung

= 1 Masche rechts in Gelb

= 1 Masche rechts in Jade

= 1 Masche rechts in Petrol

MS = Mustersatz

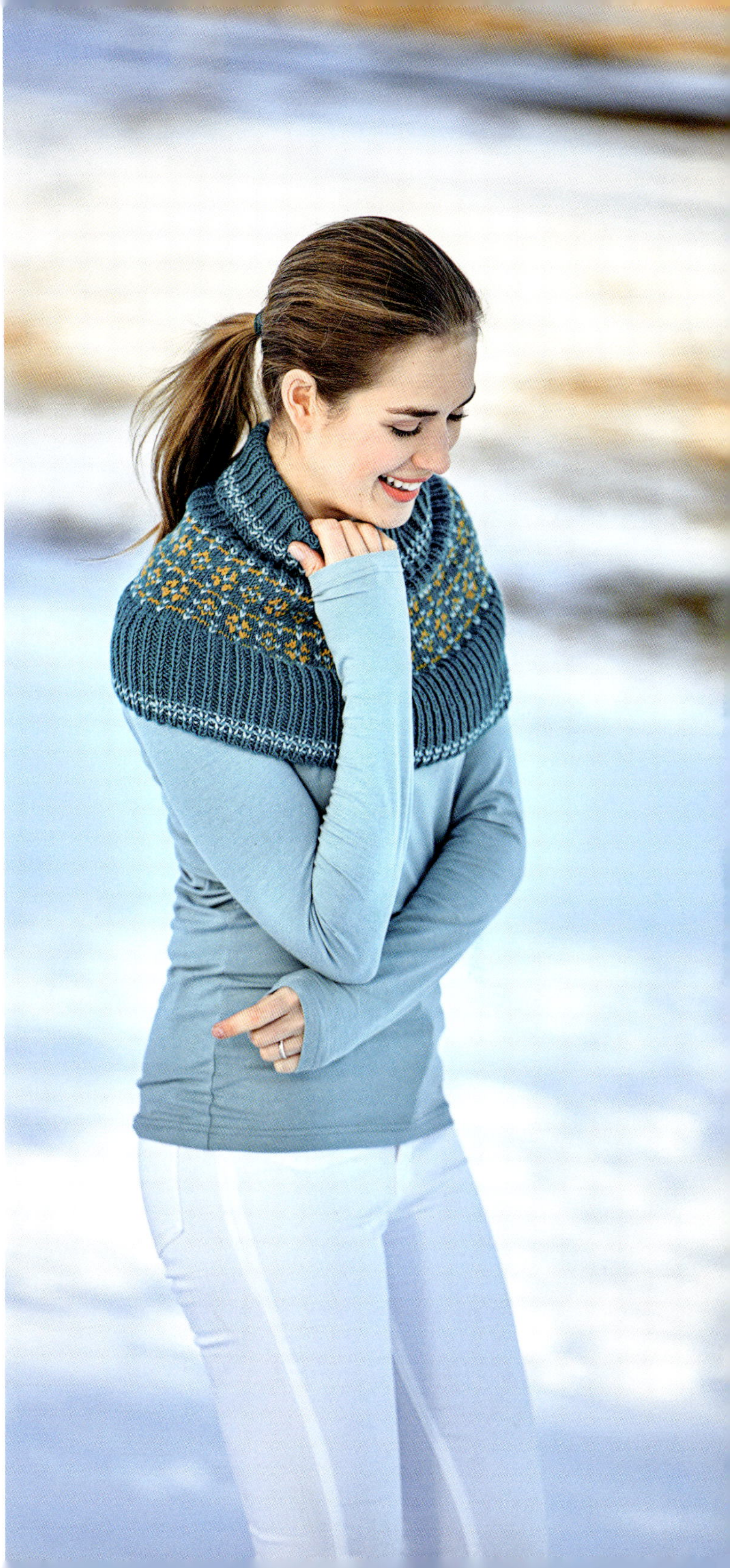

SKROO

Kurzpullover

Größe: 38–40 (42–44) 46–50

MATERIAL

- Woolly Hugs SHEEP (50 % Wolle, Merino extrafein, 28 % Baumwolle, 22 % Polyamid, Lauflänge ca. 110 m/50 g) von L&K (www.VeronikaHug.com): 200 (250) 300 g Rot (Farbe 30), je 50 g Natur (Farbe 05) und Anthrazit (Farbe 98)
- 1 kurze und 1 normale Rundstricknadeln Nr. 5,5

MUSTER

Randmaschen: Die 1. Masche wie zum Linksstricken abheben, der Faden liegt vor der Arbeit. Die letzte Masche rechts stricken.

Kraus rechts in Runden: 1 Runde rechte, 1 Runde linke Maschen im Wechsel stricken.

Kraus rechts in Reihen: In Hin- und Rückreihen rechte Maschen stricken.

Glatt rechts in Reihen: In Hinreihen rechte, in Rückreihen linke Maschen stricken.

Fair-Isle-Muster in Reihen: Die Maschenzahl muss durch 8 teilbar sein, plus 5 Maschen, damit das Muster links und rechts aufgeht, plus 2 Randmaschen. Laut Zählmuster in Jacquardtechnik stricken, dabei den unbenutzten Faden stets locker auf der Rückseite der Arbeit mitführen (siehe Workshop, Seite 8/9). Mit der Masche vor dem Mustersatz (MS) beginnen, den MS stets wiederholen, enden mit den Maschen nach dem MS.

Strukturmuster in Reihen: Die Maschenzahl muss durch 8 teilbar sein, plus 5 Maschen, damit das Muster links und rechts aufgeht, plus 2 Randmaschen. Laut Strickschrift arbeiten. Die Maschen sind so gezeichnet, wie sie auf der Vorderseite erscheinen (in Rückreihen rechts gezeichnete Maschen links und links gezeichnete Maschen rechts stricken). Mit der Masche vor dem Mustersatz (MS) beginnen, den MS stets wiederholen, enden mit den Maschen nach dem MS. Die 1.–10. Reihe stets wiederholen.

Strukturmuster in Runden: Die Maschenzahl muss durch 8 teilbar sein. Laut Strickschrift arbeiten. In der Breite den gezeichneten MS stets wiederholen. In der Höhe die 1.–10. Reihe stets wiederholen.

Maschenprobe glatt rechts: 14 Maschen x 20 Reihen = 10 x 10 cm

Maschenprobe kraus rechts: 14 Maschen x 26 Reihen = 10 x 10 cm

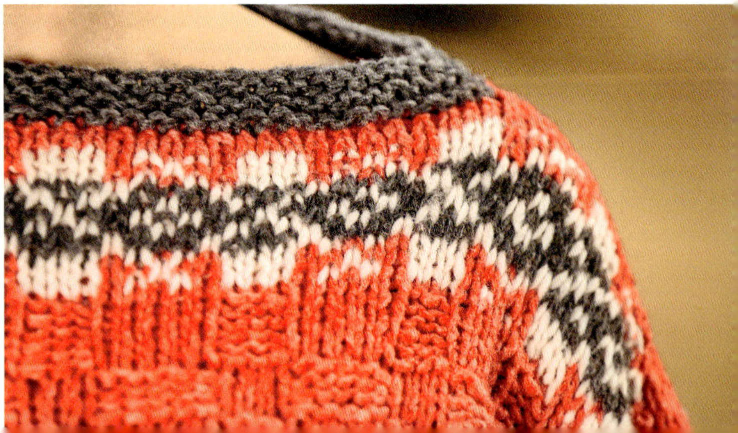

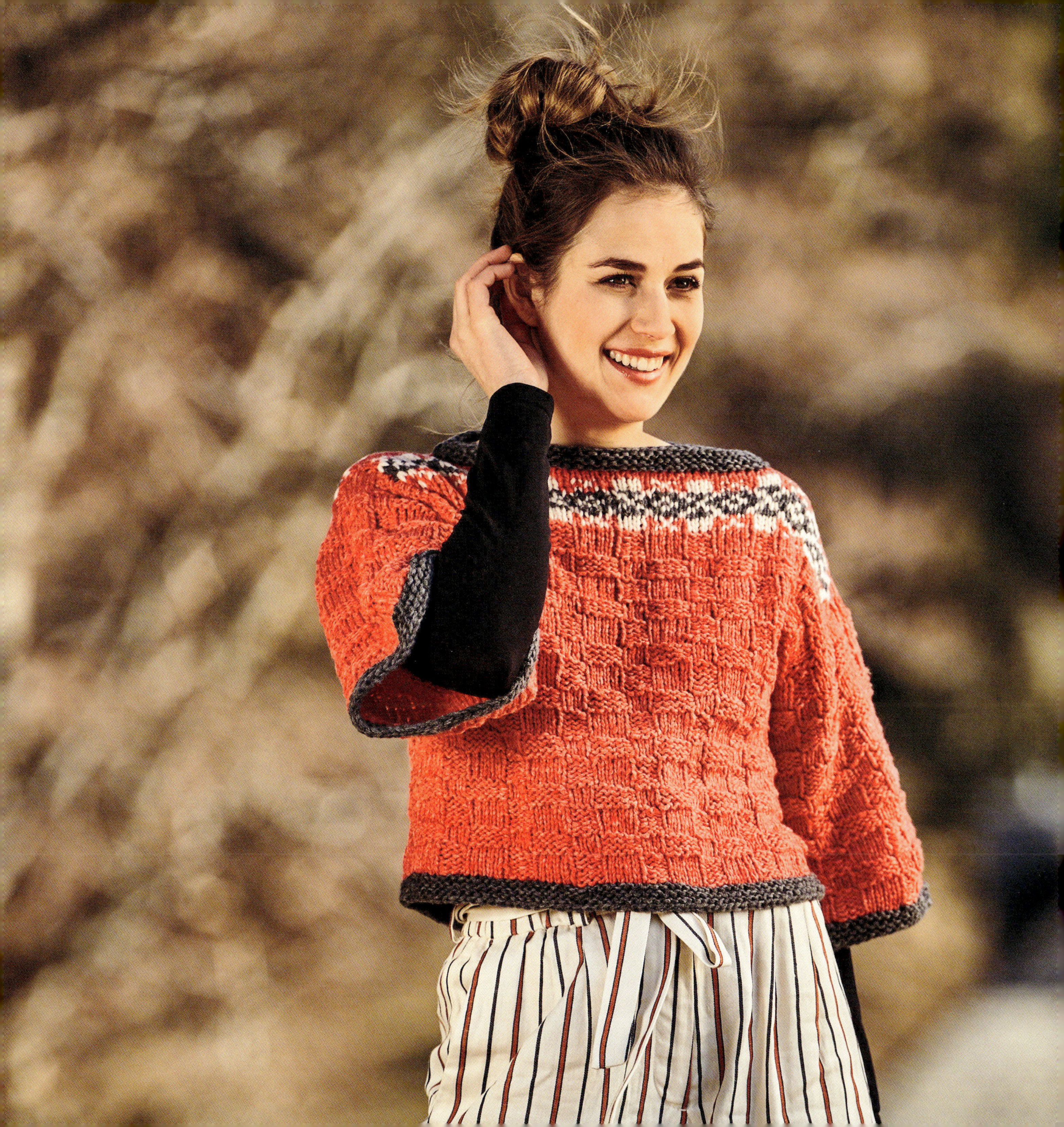

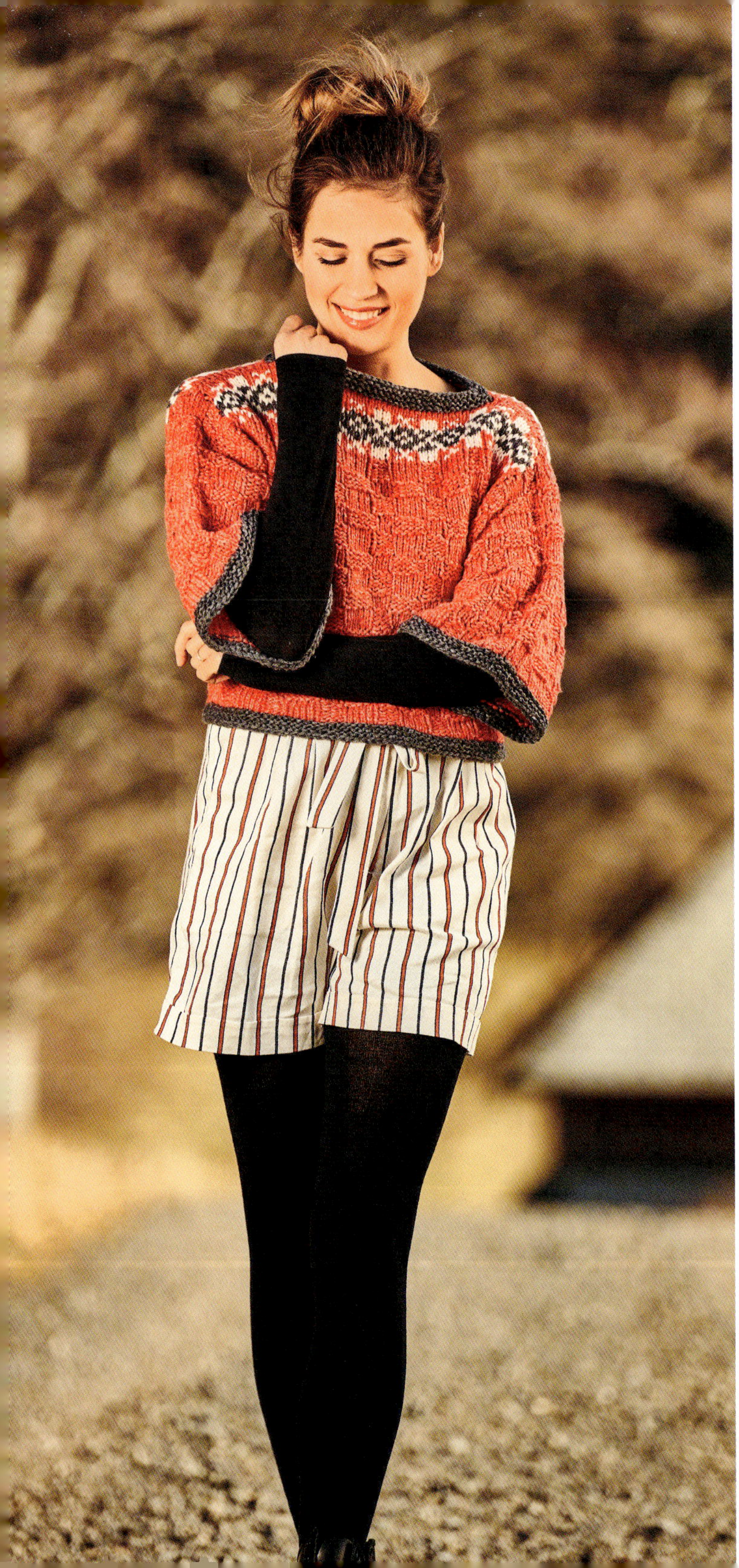

SO WIRD'S GEMACHT

Das **Rückenteil** am oberen Halsausschnitt beginnen. Mit der normalen Rundstricknadel in Rot 63 (71) 79 Maschen anschlagen und 1 Rückreihe linke Maschen stricken. Weiter im Fair-Isle-Muster in den angegebenen Farben laut Zählmuster arbeiten. Die 1.–13. Reihe 1 x stricken, dann in Rot das Strukturmuster in Reihen stricken. Nach 23 (25,5) 28 cm ab Anschlag die Maschen stilllegen.

Das **Vorderteil** ebenso arbeiten.

Nun das untere Vorder- und Rückenteil zusammenhängend in Runden stricken. Damit die Maschenzahl aufgeht, beidseitig zusätzlich je 1 Masche aufschlingen = 128 (144) 160 Maschen. Weiter im Strukturmuster in Runden stricken. Nach 46 (48,5) 51 cm ab Anschlag noch 6 Runden kraus rechts in Anthrazit stricken und alle Maschen locker abketten.

Die Schulternähte über 10 (11,5) 13 cm schließen. Für die **Ärmel** mit der kurzen Rundstricknadel in Rot aus den Randmaschen 64 (72) 80 Maschen auffassen und weiter im Strukturmuster in Runden arbeiten. Nach 28 cm ab Anschlag in Anthrazit 6 Runden kraus rechts stricken und alle Maschen locker abketten
Am oberen Halsausschnitt in Anthrazit 72 (78) 84 Maschen auffassen, 6 Runden kraus rechts stricken und alle Maschen abketten.

Zählmuster

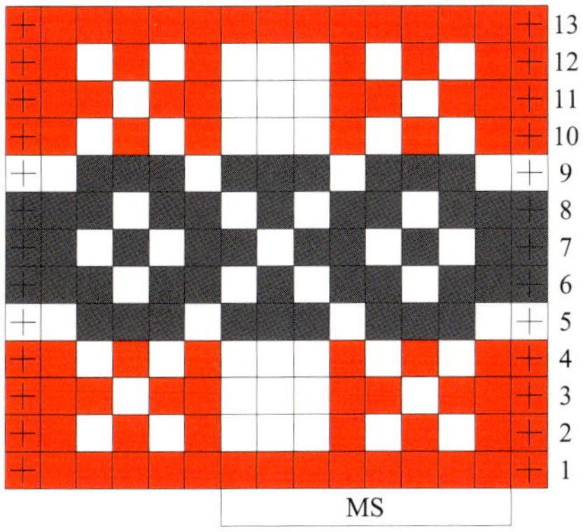

Zeichenerklärung

- ☐ = 1 Masche rechts in Natur
- ■ = 1 Masche rechts in Rot
- ■ = 1 Masche rechts in Anthrazit
- ⊞ = 1 Randmasche in der angegebenen Farbe

MS = Mustersatz

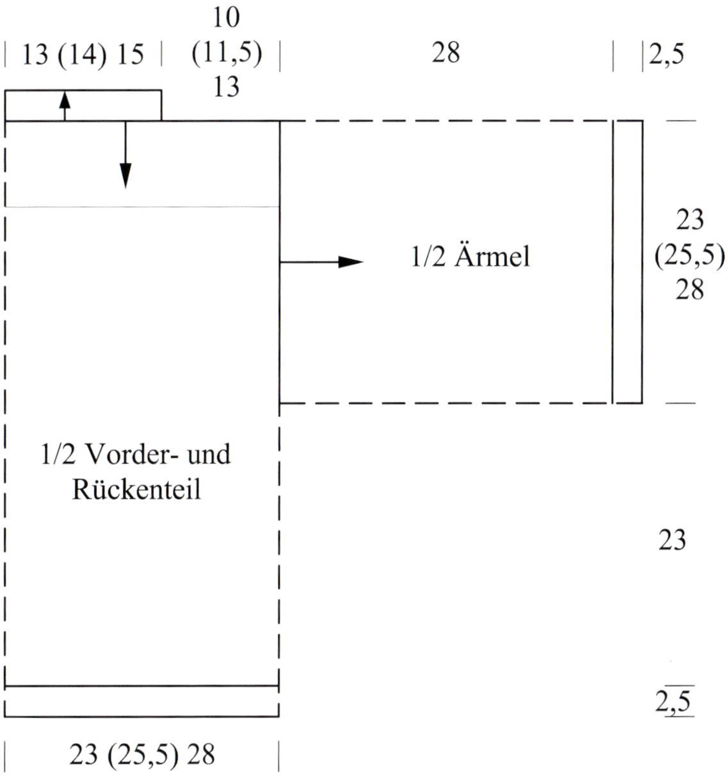

Strickschrift

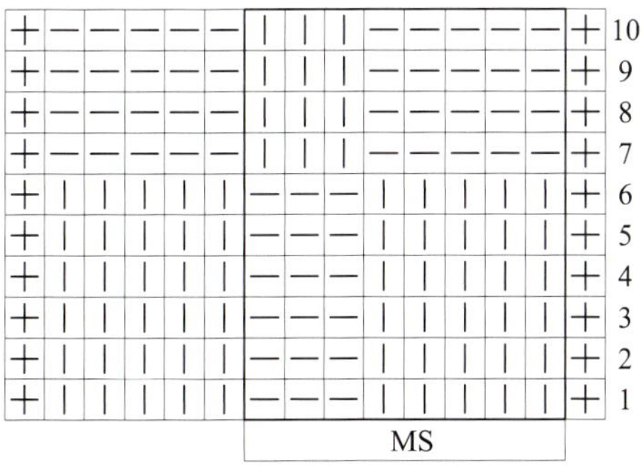

Zeichenerklärung

- | = Hinreihen: 1 Masche rechts; Rückreihen: 1 Masche links
- − = Hinreihen: 1 Masche links; Rückreihen: 1 Masche rechts
- + = 1 Randmasche

MS = Mustersatz

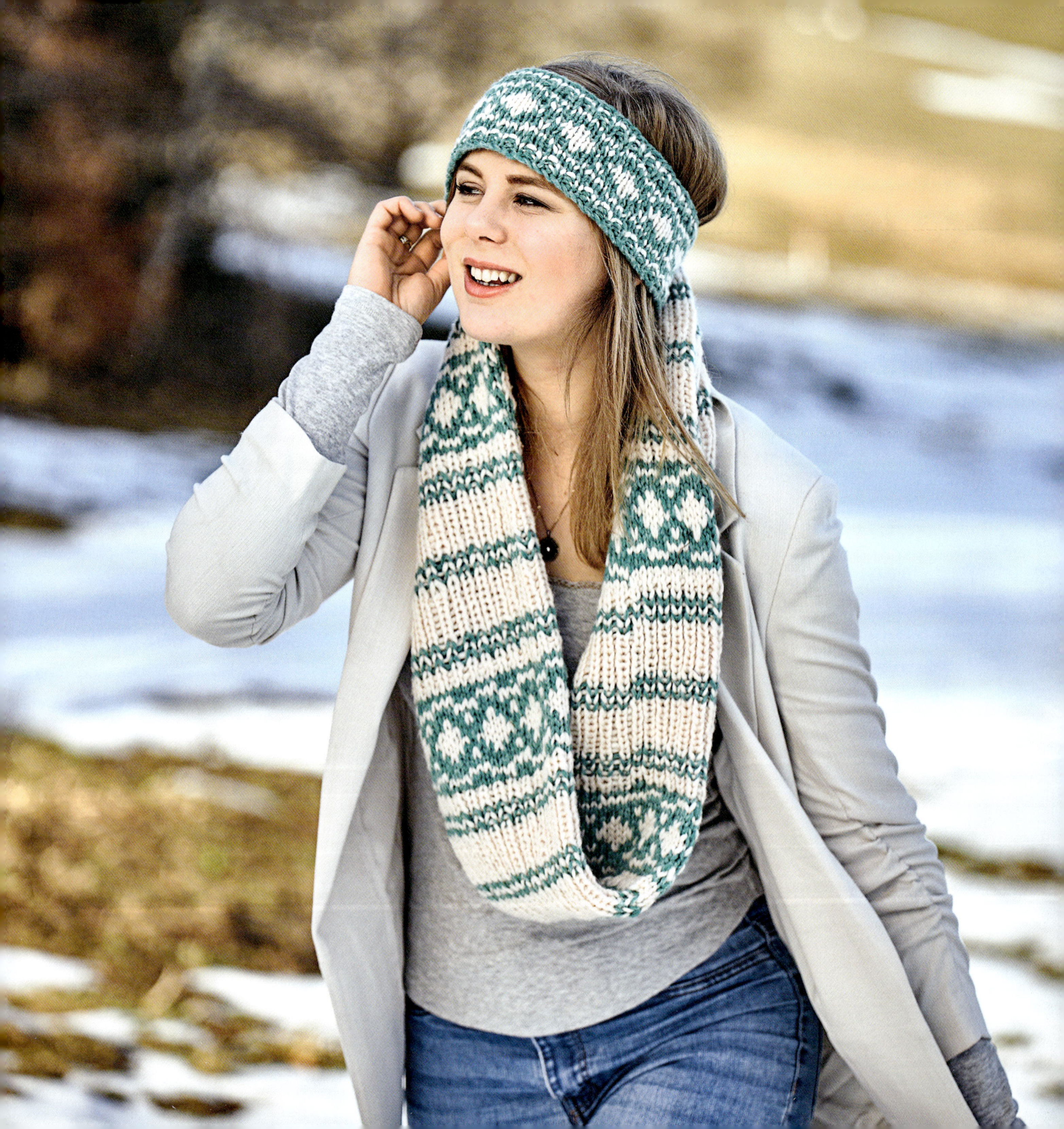

SHEEPROCK

Loop & Stirnband

Größe Stirnband: 52–56 cm Kopfumfang · Maße Loop: 120 cm Umfang, 17 cm breit

MATERIAL

- Woolly Hugs SHEEP (50 % Wolle, Merino extrafein, 28 % Baumwolle, 22 % Polyamid, Lauflänge ca. 110 m/50 g) von L&K (www.VeronikaHug.com): 150 g Natur (Farbe 05) und 100 g Grün (Farbe 72)
- 1 kurze Rundstricknadel Nr. 5,5–6,5

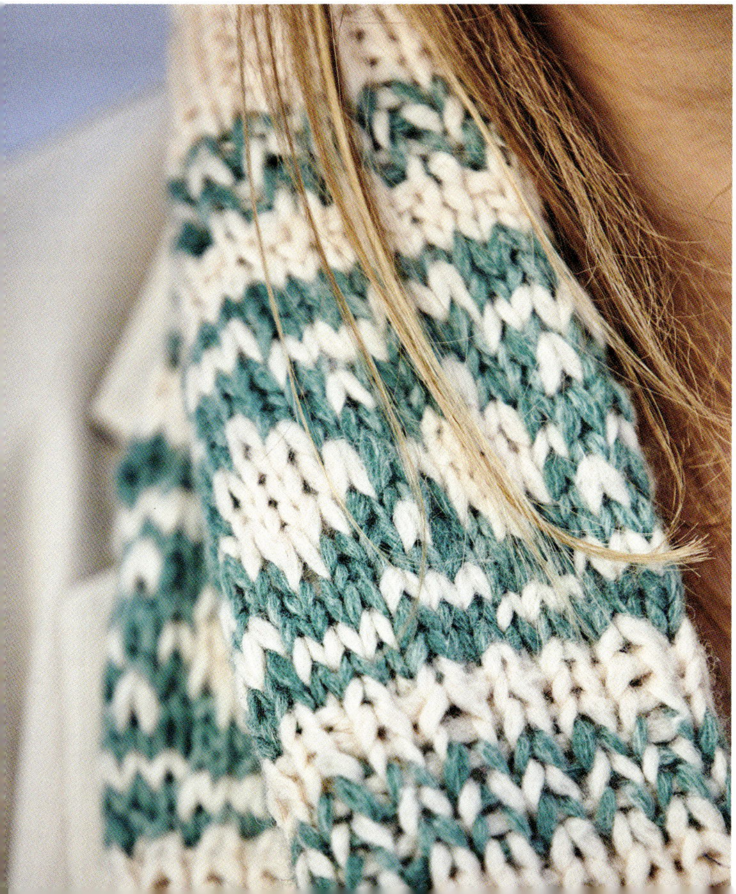

MUSTER

Rippenmuster in Runden: 1 Masche rechts, 1 Masche links im Wechsel stricken.

Glatt rechts in Runden: Alle Maschen rechts stricken.

Fair-Isle-Muster in Runden: Die Maschenzahl muss durch 6 teilbar sein. Laut Zählmuster in Jacquardtechnik stricken, dabei den unbenutzten Faden stets locker auf der Rückseite der Arbeit mitführen (siehe Workshop, Seite 8/9). In der Breite den gezeichneten Mustersatz (MS) stets wiederholen.

Streifenfolge im Rippenmuster: 2 Runden in Natur, * 1 Runde in Grün, 1 Runde in Natur, 1 Runde in Grün und 8 Runden in Natur. Ab * noch 1 x wiederholen, enden mit 1 Runde in Grün, 1 Runde in Natur, 1 Runde in Grün und 2 Runden in Natur = 29 Runden.

Maschenprobe: 14 Maschen x 20 Reihen = 10 x 10 cm

SO WIRD'S GEMACHT

Stirnband

Am unteren Rand beginnend in Grün 72 Maschen anschlagen und zur Runde schließen. Im Rippenmuster 2 Runden in Grün und 1 Runde in Natur stricken. Weiter im Fair-Isle-Muster laut Zählmuster in den angegebenen Farben arbeiten. Den gezeichneten MS in der Breite 12 x stricken. In der Höhe die 2.–14. Runde 1 x arbeiten. Dann weiter im Rippenmuster 1 Runde in Natur und 2 Runden in Grün stricken. Alle Maschen locker abketten.

Loop

Der Loop ist doppellagig. In Natur 54 Maschen anschlagen und zur Runde schließen. * 29 Runden im Rippenmuster in der angegebenen Streifenfolge stricken. Weiter im Fair-Isle-Muster laut Zählmuster in den angegebenen Farben arbeiten. Den gezeichneten MS in der Breite 9 x stricken. In der Höhe die 1.–15. Runde 1 x arbeiten. Ab * noch 4 x wiederholen, dann alle Maschen locker abketten. Die Abkettkante mit der Anschlagkante zusammennähen und so den Loop zum Ring schließen.

Zählmuster

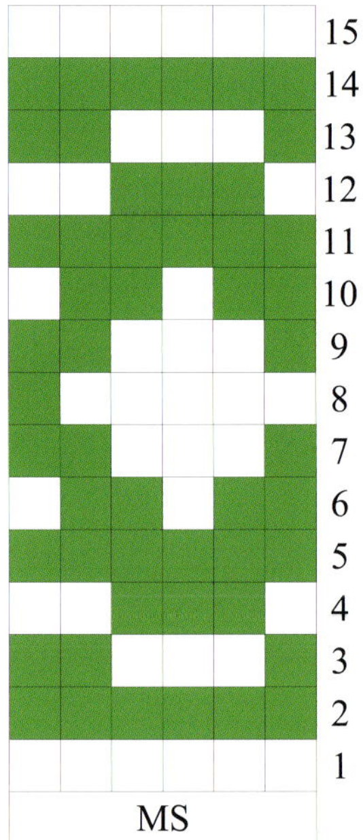

Zeichenerklärung

■ = 1 Masche rechts in Grün
□ = 1 Masche links in Natur
MS = Mustersatz

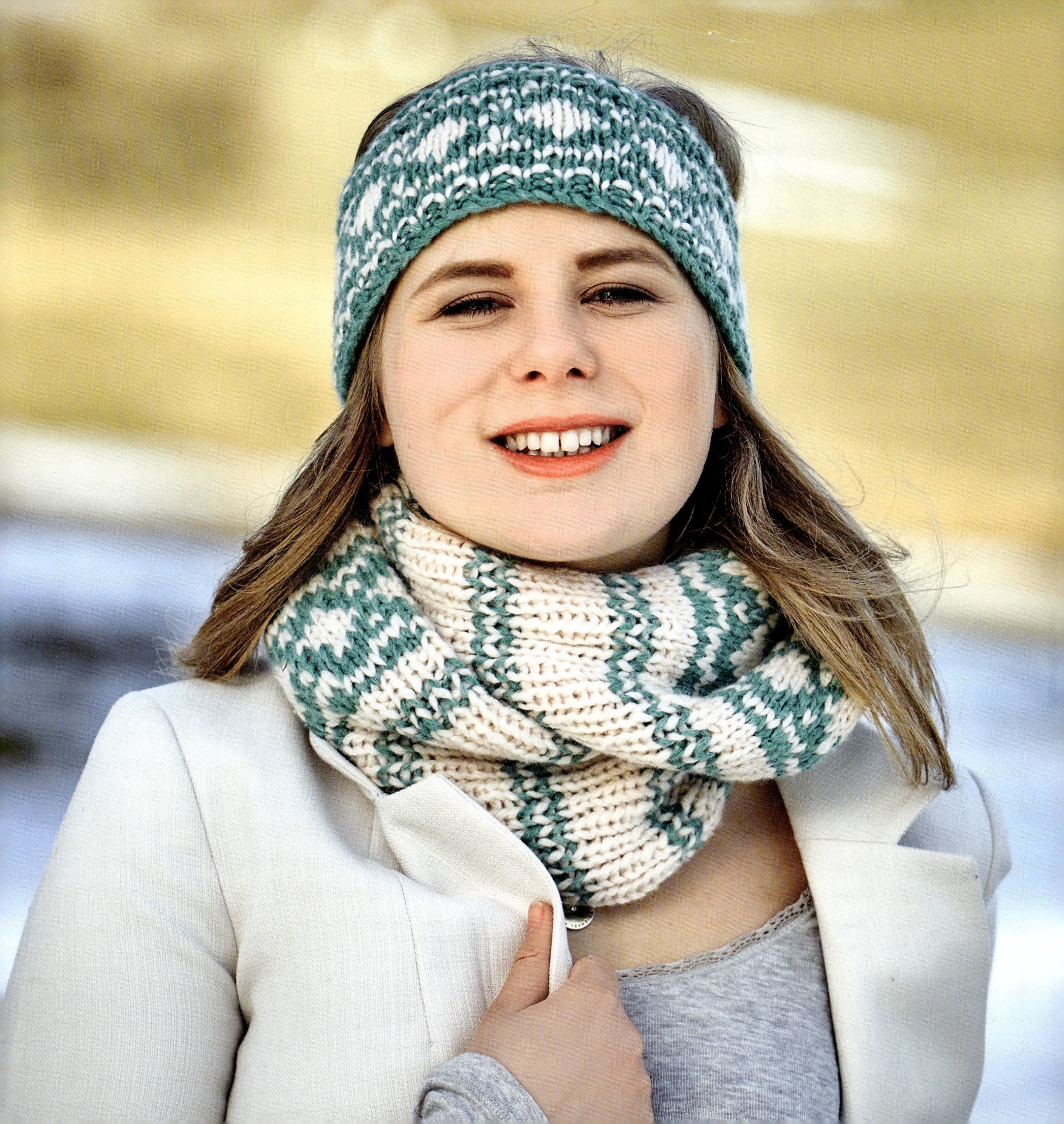

NORTHERN LIGHT

Kleid

Größe: 36–38 (42–44) 48–50

MATERIAL

- Woolly Hugs CHARITY (75 % Wolle, 15 % Polyamid, 10 % Polylactid, Lauflänge ca. 100 m/50 g) von L&K (www.VeronikaHug.com): 500 (600) 700 g Marine (Farbe 50), 200 (300) 350 Fuchsia (Farbe 47) und 50 (50) 100 g Rose (Farbe 33)
- 1 kurze und 1 normale Rundstricknadel Nr. 3,5–4,5
- 1 Zopfnadel

MUSTER

Randmaschen: Die 1. Masche wie zum Linksstricken abheben, der Faden liegt vor der Arbeit. Die letzte Masche rechts stricken.

Bundmuster in Reihen: **1. Reihe (Rückreihe):** rechte Maschen, **2. Reihe (Hinreihe):** linke Maschen, **3. Reihe (Rückreihe):** linke Maschen, **4. Reihe (Hinreihe):** rechte Maschen stricken. Die 1.–4. Reihe wiederholen.

Bundmuster in Runden: **1. und 2. Runde:** linke Maschen, **3. und 4. Runde:** rechte Maschen stricken. Die 1.–4. Runde stets wiederholen.

Rippenmuster in Runden: 1 Masche links, 6 Maschen rechts im Wechsel stricken.

Zopfmuster in Runden: Die Maschenzahl muss durch 14 teilbar sein. Laut Strickschrift arbeiten. In der Breite den Mustersatz (MS) stets wiederholen. In der Höhe die 1.–8. Runde stets wiederholen.

Glatt rechts in Reihen: In Hinreihen rechte, in Rückreihen linke Maschen stricken.

Glatt rechts in Runden: Alle Maschen rechts stricken.

Fair-Isle-Muster in Reihen: Die Maschenzahl muss durch 14 teilbar sein, plus 9 Maschen, damit das Muster links und rechts aufgeht, plus 2 Randmaschen. Laut Zählmuster in Jacquardtechnik stricken, dabei den unbenutzten Faden stets locker auf der Rückseite der Arbeit mitführen (siehe Workshop, Seite 8/9). In jeder 7. Reihe wird gleichzeitig mit 3 Farben gestrickt. Mit den Maschen vor dem Mustersatz (MS) beginnen, den MS stets wiederholen, enden mit den Maschen nach dem MS. Die 1.–14. Reihe stets wiederholen.

Fair-Isle-Muster in Runden: Die Maschenzahl muss durch 14 teilbar sein. Laut Zählmuster in Jacquardtechnik stricken, dabei den unbenutzten Faden stets locker auf der Rückseite der Arbeit mitführen (siehe Workshop, Seite 8/9). In der Breite den MS stets wiederholen. In der Höhe die 1.–14. Runde stets wiederholen.

Maschenprobe glatt rechts: 20 Maschen x 26 Reihen = 10 x 10 cm

Maschenprobe im Blendenmuster: 20 Maschen x 32 Reihen = 10 x 10 cm

SO WIRD'S GEMACHT

Das **Vorder-** und **Rückenteil** werden im Zusammenhang gestrickt. Am unteren Saum beginnend in Marine 238 (252) 266 Maschen anschlagen und zur Runde schließen. 10 Runden im Bundmuster arbeiten, enden mit 2 Runden linke Maschen. Dann 8 (10) 12 cm im Rippenmuster stricken. Für die seitliche Schräge in der nächsten Runde und weiter 9 x in jeder 10. Runde beidseitig je 2 Maschen abnehmen. Hierfür an der seitlichen linken Masche 3 Maschen links zusammenstricken und die Masche in den nächsten Runden links stricken = 198 (212) 226 Maschen. Nach 49,5 (51,5) 53,5 cm ab Saum das Zopfmuster stricken. Damit das Muster aufgeht, in der 1. Runde beidseitig je 1 Masche abnehmen = 196 (210) 224 Maschen. Nach 11 cm im Zopfmuster 2 Runden linke Maschen stricken. Weiter im Fair-Isle-Muster in Runden laut Zählmuster stricken. Die 1.–14. Runde 2 x stricken. Dann in folgender Maschenaufteilung arbeiten: 81 (95) 109 Maschen für das Vorderteil stricken, 17 (10) 3 Maschen für den rechten Armausschnitt abketten, 81 (95) 109 Maschen für das Rückenteil stricken und 17 (10) 3 Maschen für den linken Armausschnitt abketten.

Nun Vorder- und Rückenteil getrennt weiterarbeiten. Am **Rückenteil** die 1.–14. Reihe laut Zählmuster 3 x stricken. Dann für den hinteren Halsausschnitt die mittleren 29 (35) 39 Maschen abketten und beide Seiten getrennt beenden. Für die Rundung am inneren Rand in jeder 2. Reihe 1 x 2 Maschen und 1 x 1 Masche abketten. Zum Schluss die restlichen 23 (27) 32 Maschen abketten. Am **Vorderteil** die 1.–14. Reihe laut Zählmuster 2 x und die 1.–7. Reihe 1 x stricken. Dann für den vorderen Halsausschnitt die mittleren 21 (27) 31 Maschen abketten und beide Seiten getrennt beenden.

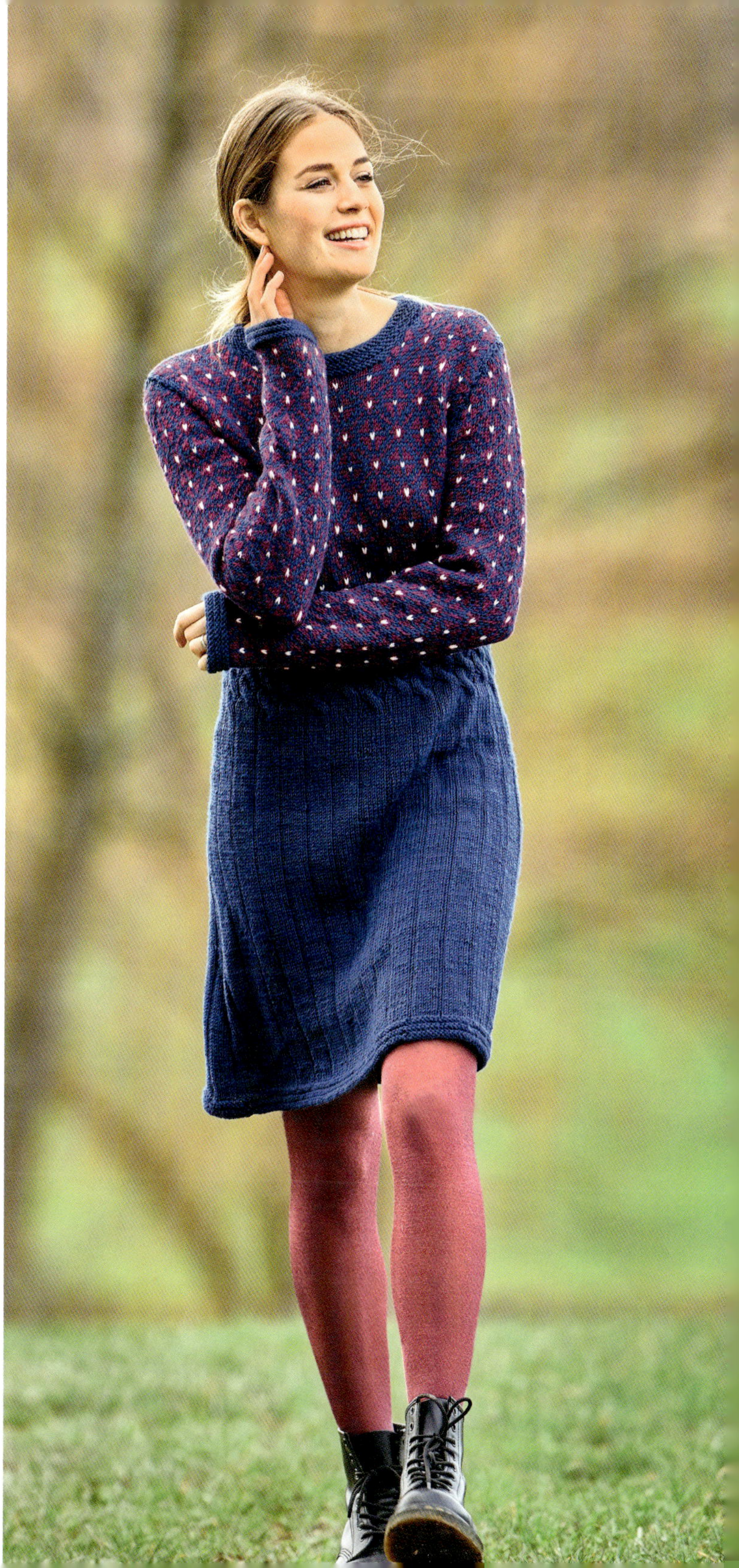

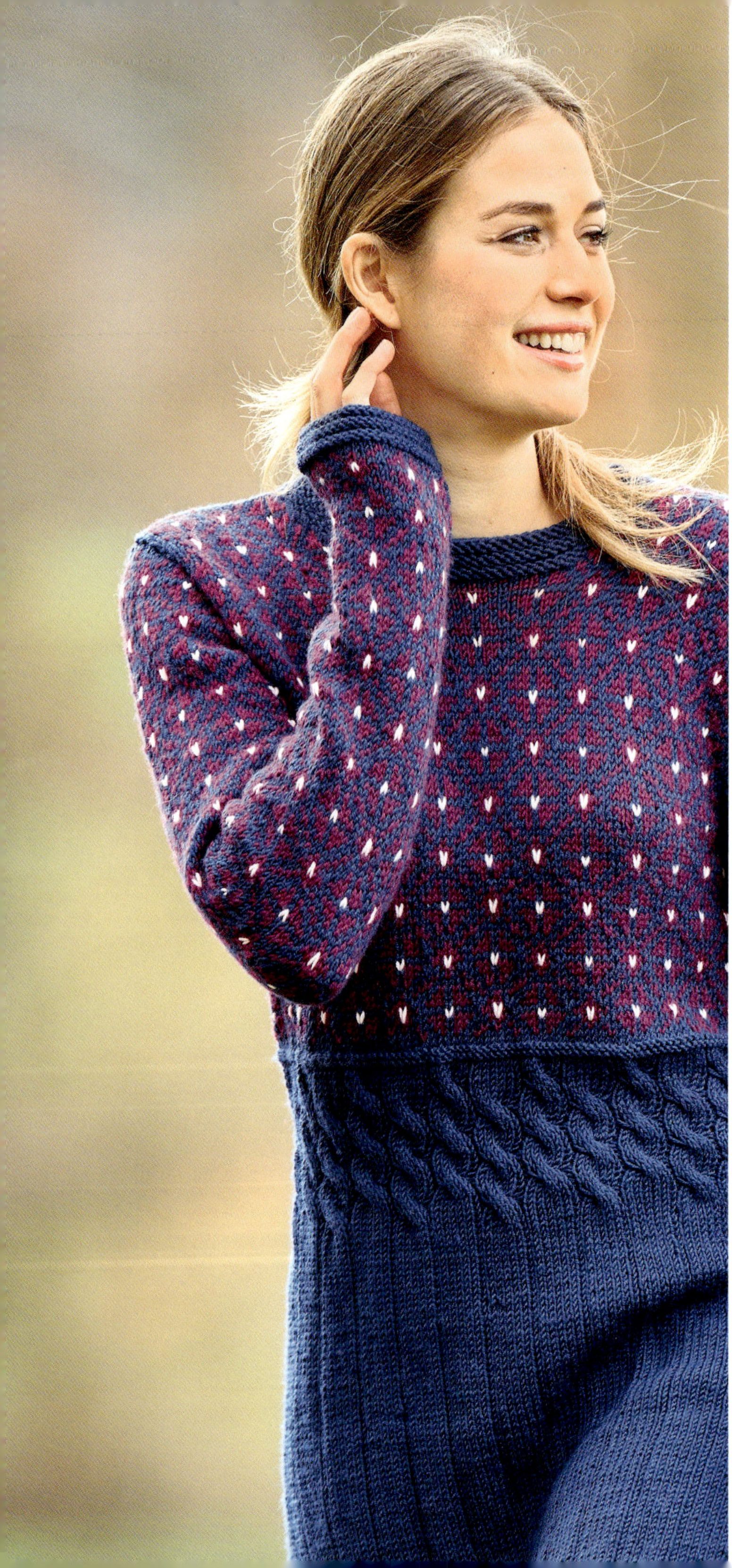

Für die Rundung am inneren Rand in jeder 2. Reihe 1 x 2 Maschen und 5 x 1 Masche abketten. Zum Schluss die restlichen 23 (27) 32 Maschen abketten.

Für die **Ärmel** am Saum beginnend in Marine 49 (54) 60 Maschen anschlagen und 8 Reihen im Bundmuster in Reihen arbeiten. Weiter im Fair-Isle-Muster in Reihen laut Zählmuster stricken. Das Muster dabei mittig am Pfeil im Zählmuster ausrichten. Die 1.–14. Reihe 7 (7) 8 x stricken und bei der mittleren Größe die 1.–7. Reihe noch 1 x wiederholen. GLEICHZEITIG für die Ärmelschräge 18 x in jeder 5. Reihe beidseitig je 1 Masche zunehmen und die zugenommenen Maschen ins Muster einfügen = 85 (90) 96 Maschen. Nach 41 (43,5) 46 cm ab Anschlag für die Armkugel in jeder 2. Reihe beidseitig je 1 x 4 Maschen, 1 x 3 Maschen, 2 x 2 Maschen, 9 x 1 Masche, 2 x 2 Maschen, 1 x 3 Maschen und 1 x 4 Maschen abketten, dann die restlichen 23 (28) 34 Maschen abketten.

Zählmuster

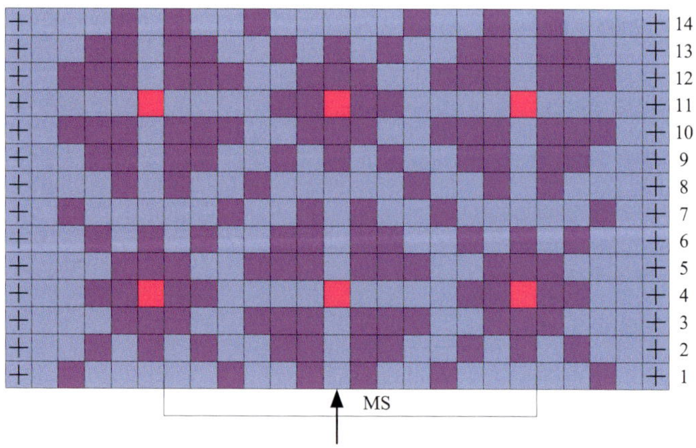

Strickschrift

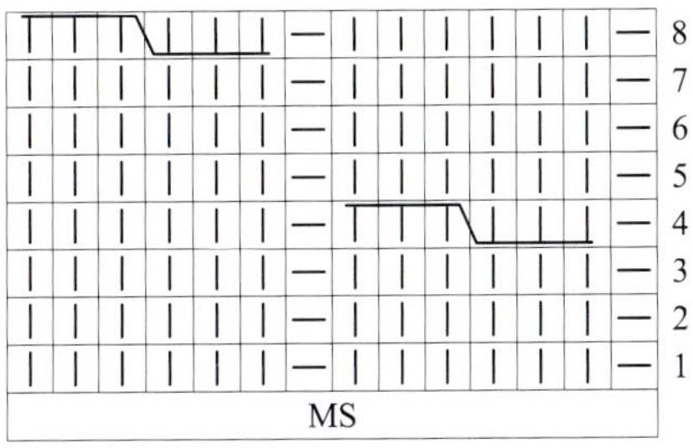

Zeichenerklärung

| = 1 Masche rechts

— = 1 Masche links

= 6 Maschen nach links verzopfen (= 3 Maschen auf eine Zopfnadel vor die Arbeit legen, die folgenden 3 Maschen rechts stricken, dann die 3 Maschen der Zopfnadel rechts stricken)

MS = Mustersatz

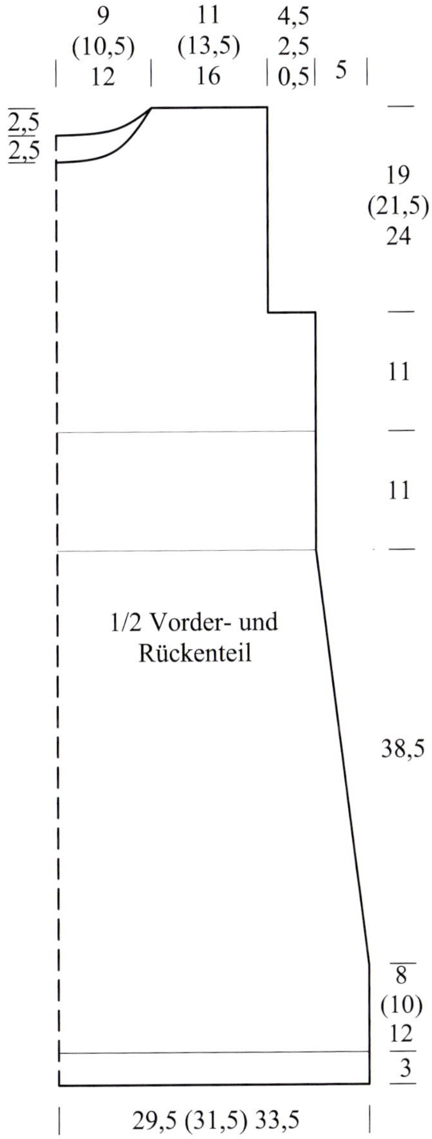

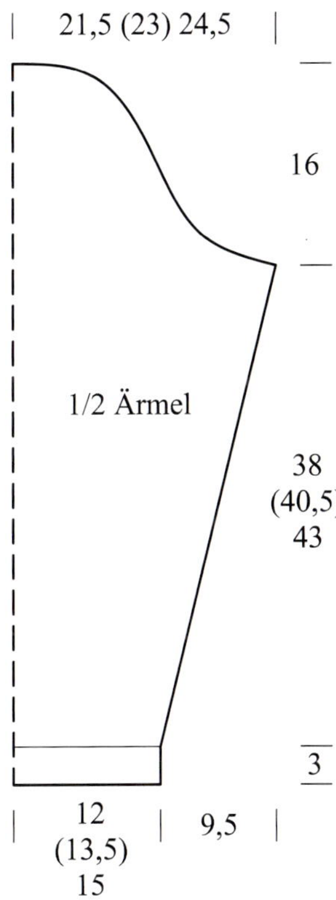

Zeichenerklärung

= 1 Masche rechts in Farbe 1 - Marine

= 1 Masche rechts in Farbe 2 - Fuchsia

= 1 Masche rechts in Farbe 3 - Rosa

= 1 Randmasche in Farbe 1 - Marine

MS = Mustersatz

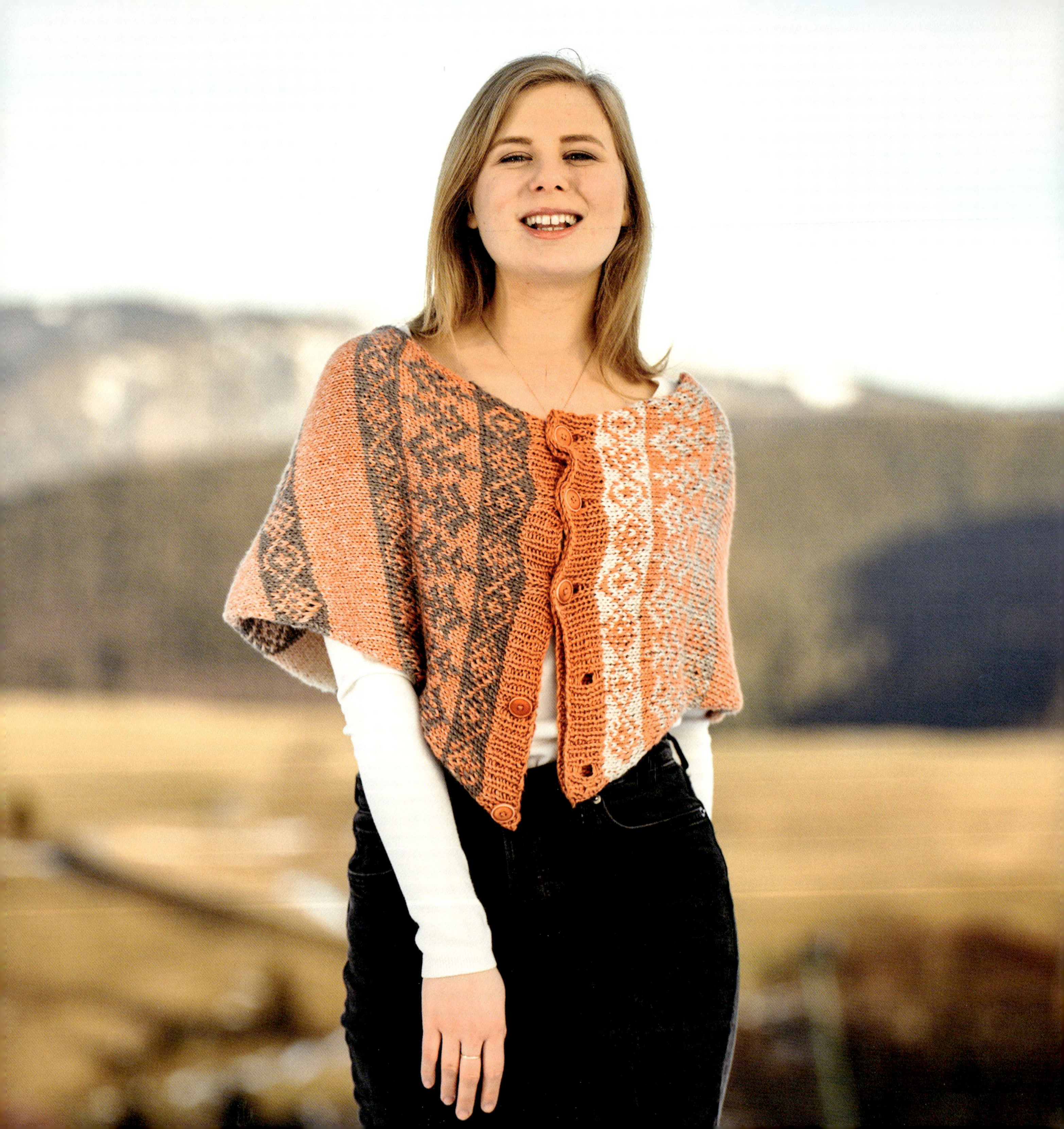

SANDSTONE

Schalkragen

Maße: 30 cm breit, 120 cm lang

MATERIAL

- Woolly Hugs SKY (100 % Baumwolle, Lauflänge ca. 250 m/100 g) von L&K (www.VeronikaHug.com): 200 g Terra (Farbe 29) und 100 g Beige (Farbe 15)
- 1 kurze Rundstricknadel Nr. 5–5,5
- 2 Maschenmarkierer
- 5 Knöpfe, Durchmesser 22 mm

MUSTER

Rippenmuster: 1 Masche rechts, 1 Masche links im Wechsel stricken.

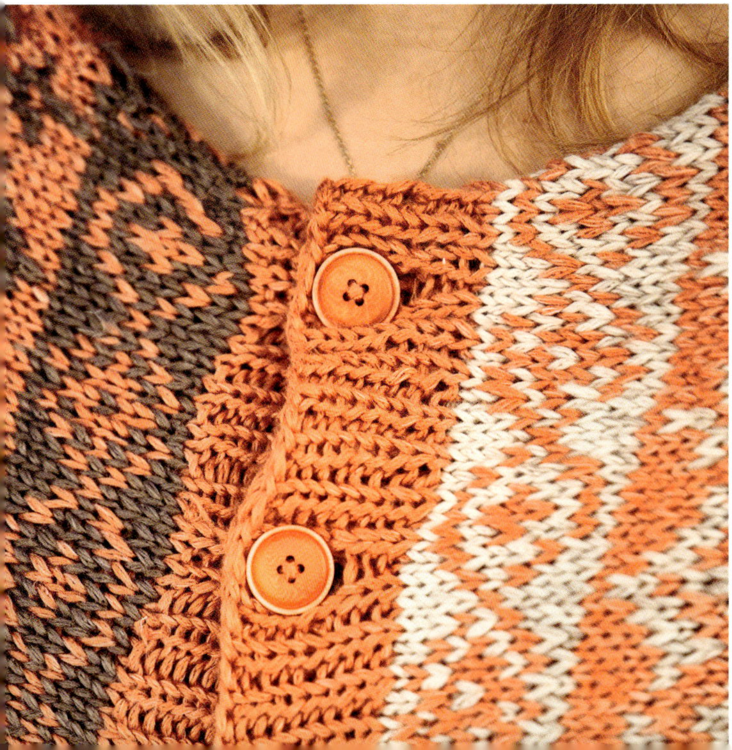

Glatt rechts in Runden: Alle Maschen rechts stricken.

Fair-Isle-Muster in Runden: Laut Zählmuster in Jacquardtechnik stricken, dabei den unbenutzten Faden stets locker auf der Rückseite der Arbeit mitführen (siehe Workshop, Seite 8/9). Für die Vorderseite des Schalkragens (= 1. Hälfte der Runde) die Strickschrift von rechts nach links arbeiten: mit der 1. Masche der Strickschrift beginnen, dann 7 Maschen bis zum Mustersatz (MS) stricken, den MS 3 x arbeiten, die 10 Maschen nach dem MS und die letzte Masche der Strickschrift arbeiten. Für die Rückseite (= 2. Hälfte der Runde) die Strickschrift von links nach rechts arbeiten: die 10 Maschen vor dem MS stricken, den MS 3 x arbeiten, enden mit den 7 Maschen nach dem MS. Für die Schrägen wie gezeichnet in jeder 3. Runde vor und nach der 1. Masche des Zählmusters je 1 Masche zunehmen und die letzten 3 Masche des Zählmusters überzogen zusammenstricken.

Maschenprobe: 14 Maschen x 22 Reihen = 10 x 10 cm

Hinweis: Das Knäuel hat einen langen, einfachen Farbverlauf, der sich über die komplette Lauflänge erstreckt. Man kann es wunschgemäß von außen oder von innen abstricken. Der Farbverlauf ist bei jedem Knäuel gleich. Für Farbe 1 wird 1 Knäuel in Terra von außen abgestrickt, wenn das Knäuel aufgebraucht ist, das 2. Knäuel in Terra von innen nach außen abstricken. Für Farbe 2 wird das Knäuel in Beige von außen abgestrickt.

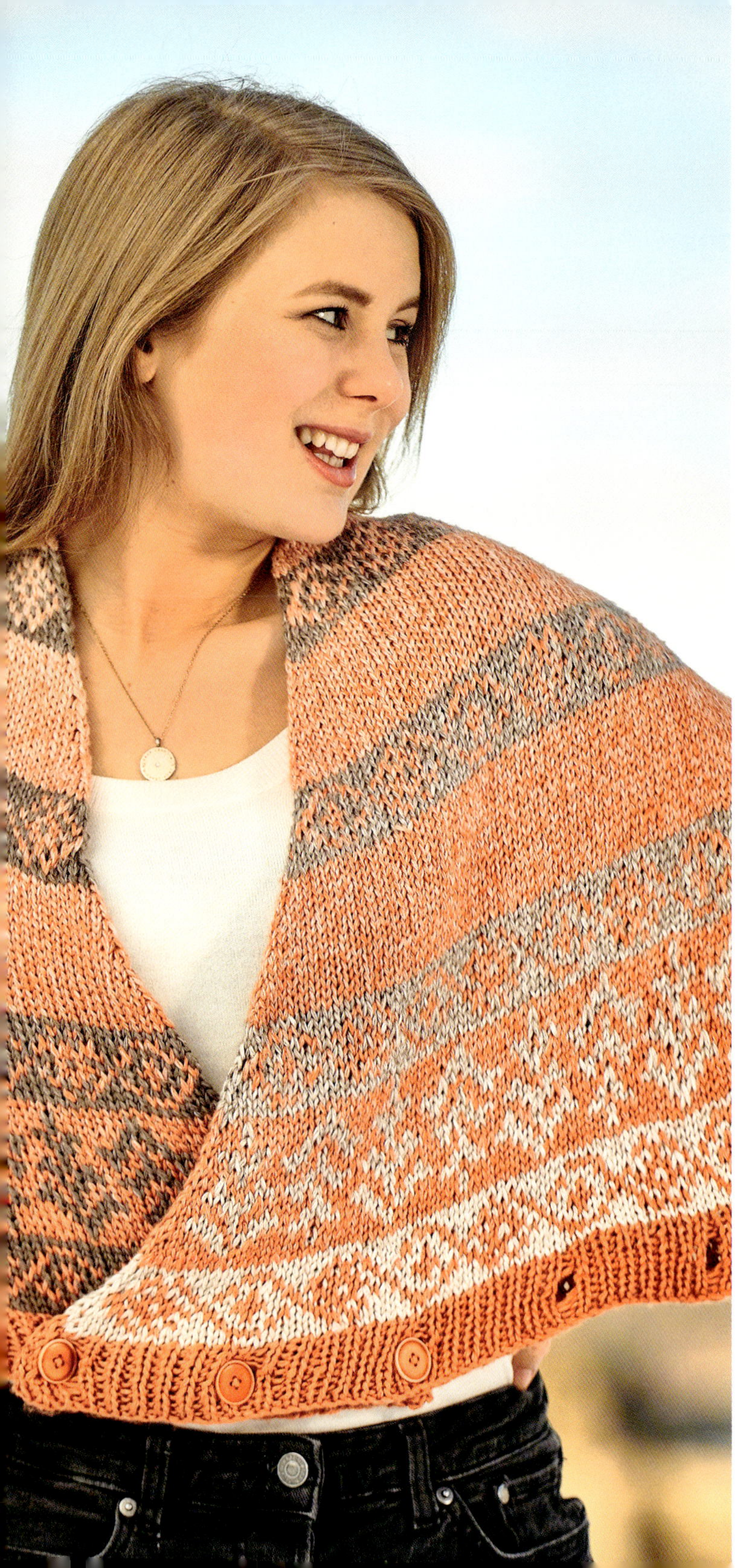

SO WIRD'S GEMACHT

Der Schal ist doppellagig. 132 Maschen in Farbe 1 anschlagen und zur Runde schließen. Die 1. und die 66. Masche markieren und 9 Runden im Rippenmuster stricken. In jeder 3. Runde an der 1. markierten Masche beidseits der Masche aus dem Querfaden 1 Masche rechts verschränkt herausstricken und in das Rippenmuster einfügen. An der 2. markierten Masche 1 doppelten Überzug mit obenaufliegender Mittelmasche stricken (siehe Zeichenerklärung). Weiter im Fair-Isle-Muster in Farbe 1 und Farbe 2 laut Zählmuster arbeiten. Die 1.–33. Runde 1 x stricken. Dann * 15 Runden in Farbe 1 glatt rechts arbeiten, die Zu- und Abnahmen an den markierten Maschen in jeder 3. Runde fortführen und die 1.–9. Runde des Zählmusters 1 x stricken *. Von *–* noch 5 x wiederholen, dann 15 Runden glatt rechts in Farbe 1 und die 1.–33. Runde laut Zählmuster 1 x stricken. Noch 9 Runden im Rippenmuster in Farbe 1 stricken und die Zu- und Abnahmen an den markierten Maschen in jeder 3. Runde fortführen. In der 4. Runde des Rippenmusters die Knopflöcher einstricken: 4 Maschen stricken, die nächsten 2 Maschen überzogen zusammenstricken und 1 Umschlag auf die Nadel nehmen, ** 12 Maschen stricken, die nächsten 2 Maschen überzogen zusammenstricken und 1 Umschlag auf die Nadel nehmen. Ab ** noch 3 x wiederholen, bis zur markierten Masche weiterarbeiten und auf der Rückseite die Knopflöcher ebenso einstricken. Alle Maschen locker abketten. Die Knöpfe annähen.

Zählmuster

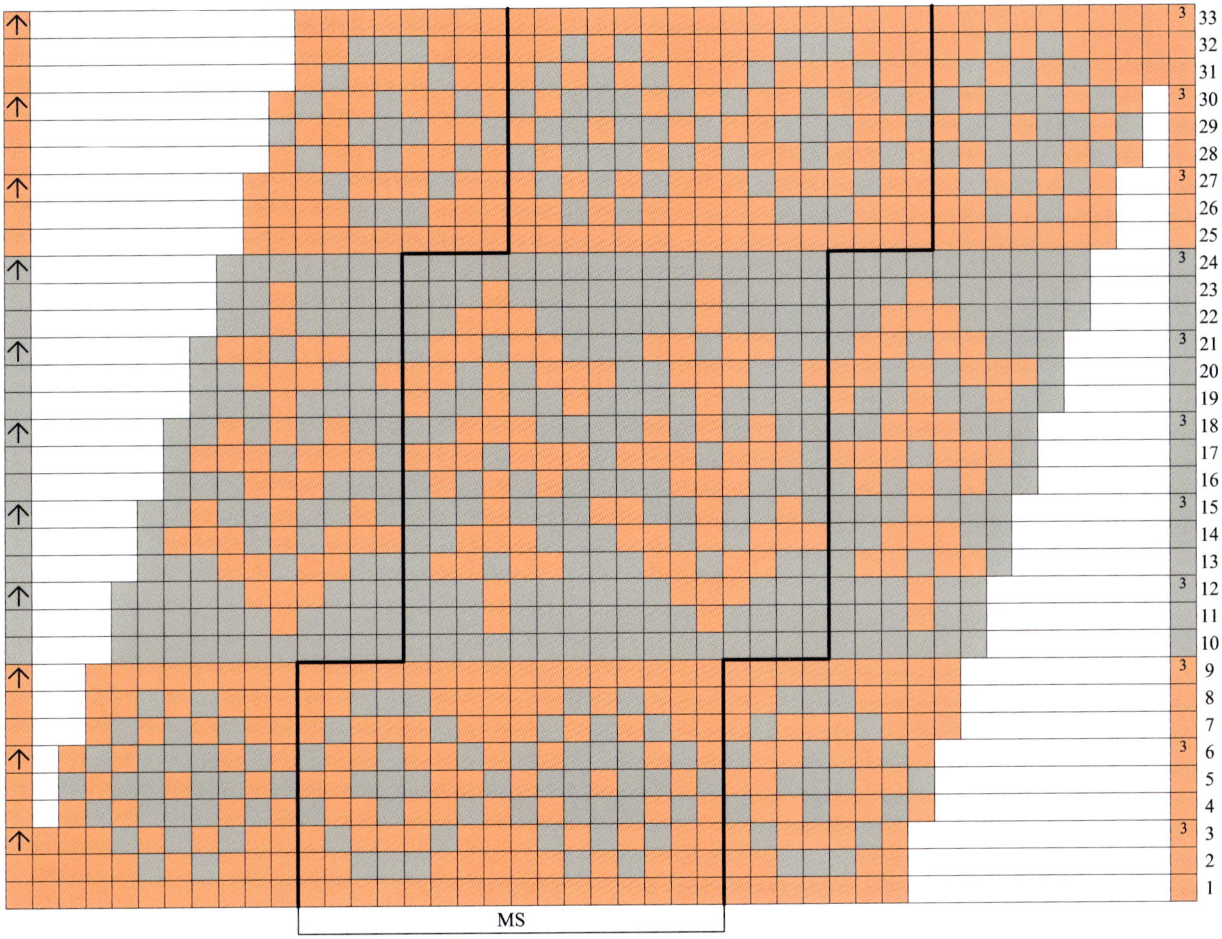

Zeichenerklärung

= 1 Masche rechts in Farbe 1 – Terra

= 1 Masche rechts in Farbe 2 – Beige

= 1 doppelter Überzug mit obenaufliegender Mittelmasche in der angegebenen Farbe (= 2 Maschen wie zum Rechtsstricken abheben, die folgende Masche rechts stricken, dann die abgehobenen Maschen überziehen)

3 = beidseits der Masche aus dem Querfaden 1 Masche rechts verschränkt herausstricken (die Masche selbst rechts stricken)

MS = Mustersatz

SKADAN

Mütze & Stulpen

Größe Mütze: 54–58 cm Kopfumfang · Maße Stulpen: 21 cm Umfang, 22 cm lang

MATERIAL

- Woolly Hugs CHARITY (75 % Wolle, 15 % Polyamid, 10 % Polylactid, Lauflänge ca. 100 m/50 g) von L&K (www.VeronikaHug.com): 100 g Fuchsia (Farbe 47) und je 50 g Schwarz (Farbe 55) und Sand (Farbe 10)
- 1 kurze Rundstricknadel Nr. 3,5–4,5
- 1 Nadelspiel Nr. 3,5–4,5

MUSTER

Rippenmuster: 1 Masche rechts, 2 Maschen links im Wechsel stricken.

Glatt rechts in Runden: Alle Maschen rechts stricken.

Fair-Isle-Muster: Die Maschenzahl muss durch 6 teilbar sein. Laut Zählmuster 1 bzw. 2 in Jacquardtechnik stricken, dabei den unbenutzten Faden stets locker auf der Rückseite der Arbeit mitführen (siehe Workshop, Seite 8/9). In der Breite den gezeichneten Mustersatz (MS) stets wiederholen.

Maschenprobe: 20 Maschen x 26 Reihen = 10 x 10 cm

SO WIRD'S GEMACHT

Mütze

Am unteren Rand beginnend in Schwarz 108 Maschen anschlagen und zur Runde schließen. 4 Runden glatt rechts und 6 Runden im Rippenmuster arbeiten. Weiter im Fair-Isle-Muster in den angegebenen Farben stricken. Laut Zählmuster 1 in der Breite den gezeichneten MS 18 x stricken, in der Höhe die 1.–30. Runde 1 x arbeiten. Dann laut Zählmuster 2

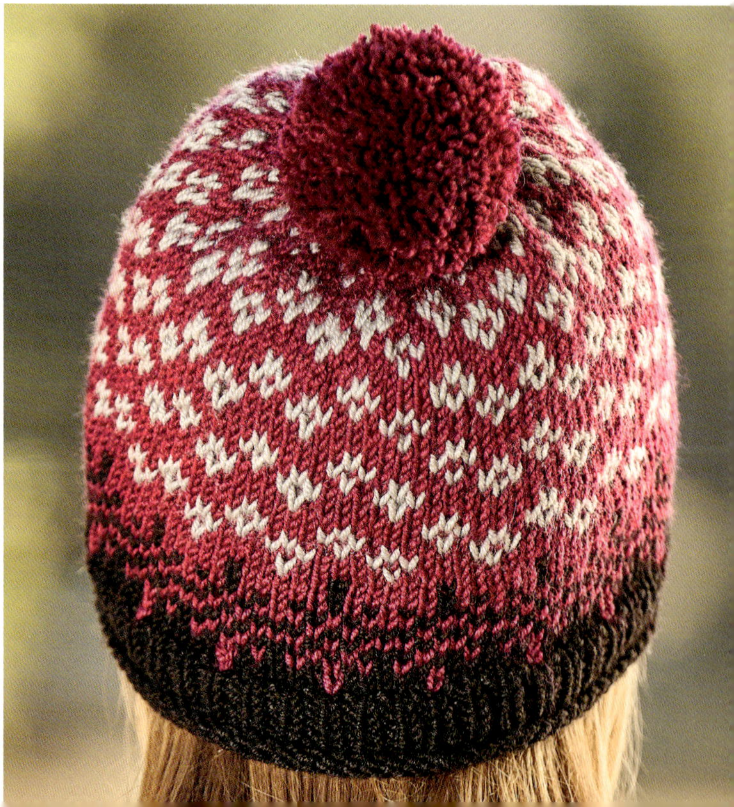

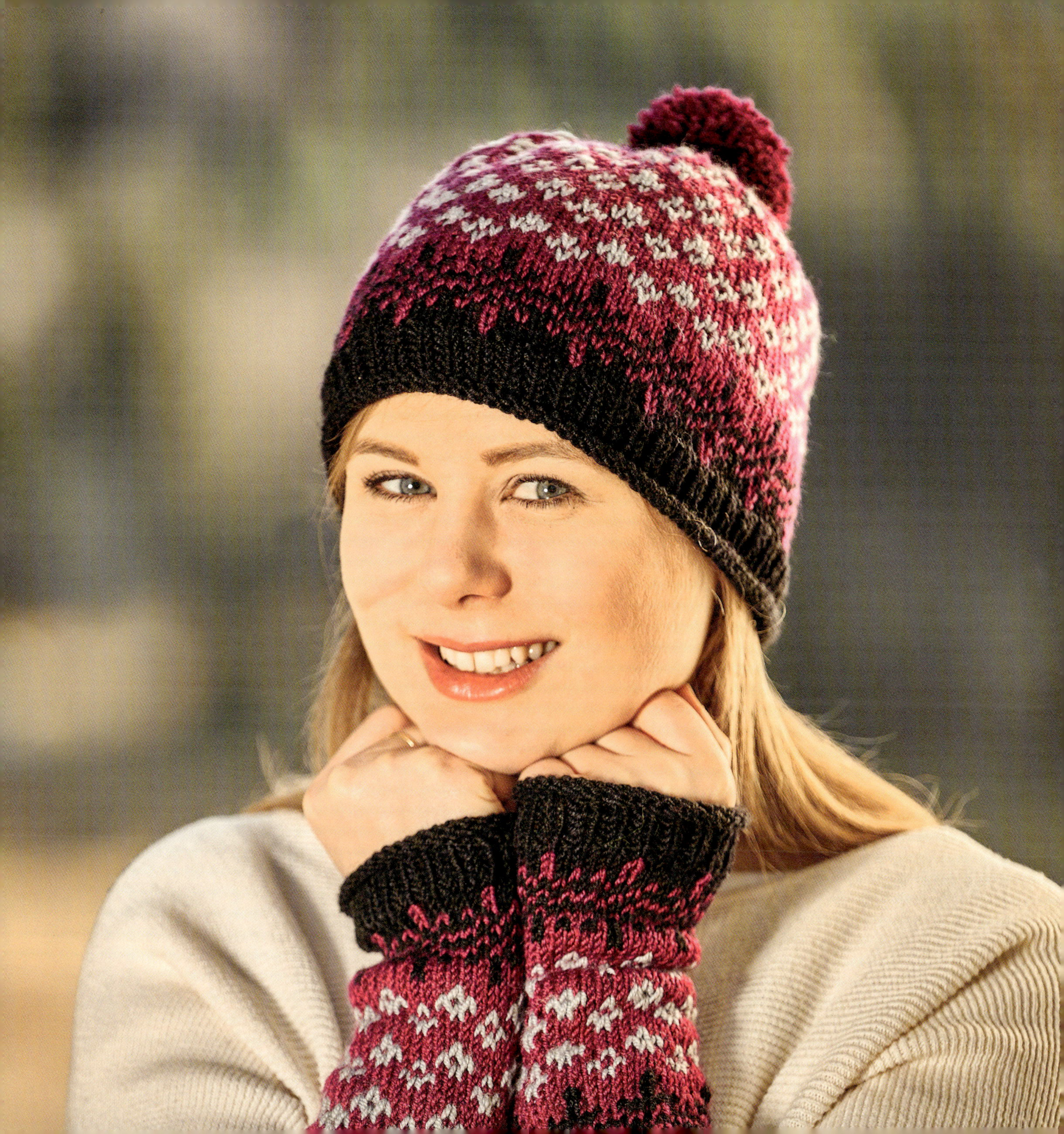

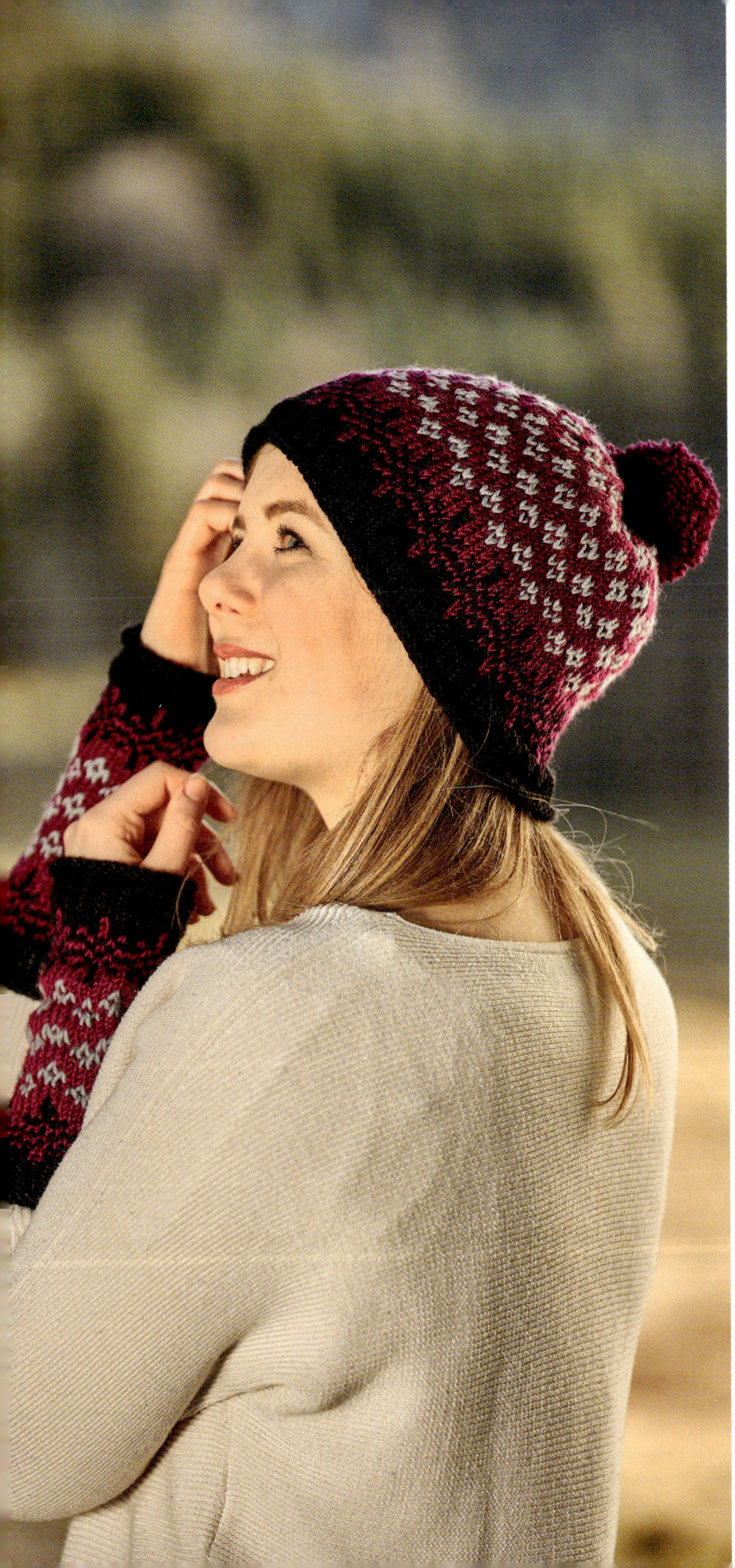

die 1.–18. Runde stricken. Den gezeichneten MS in der Breite 9 x stricken, dabei die Abnahmen vornehmen wie eingezeichnet. Mit geringer werdender Maschenzahl die Maschen auf das Nadelspiel nehmen. Die restlichen 18 Maschen mit dem Arbeitsfaden fest zusammenziehen und diesen vernähen. Einen Pompon mit einem Durchmesser von 6 cm in Fuchsia anfertigen und an die Mütze nähen.

Stulpen

Mit dem Nadelspiel in Schwarz 42 Maschen anschlagen und zur Runde schließen. 4 Runden glatt rechts und 6 Runden im Rippenmuster arbeiten. Weiter im Fair-Isle-Muster in den angegebenen Farben stricken. Laut Zählmuster 1 in der Breite den gezeichneten MS 7 x stricken, in der Höhe die 1.–41. Runde 1 x arbeiten. Dann 6 Runden im Rippenmuster und 4 Runden glatt rechts stricken. Alle Maschen locker abketten.

Zählmuster 1

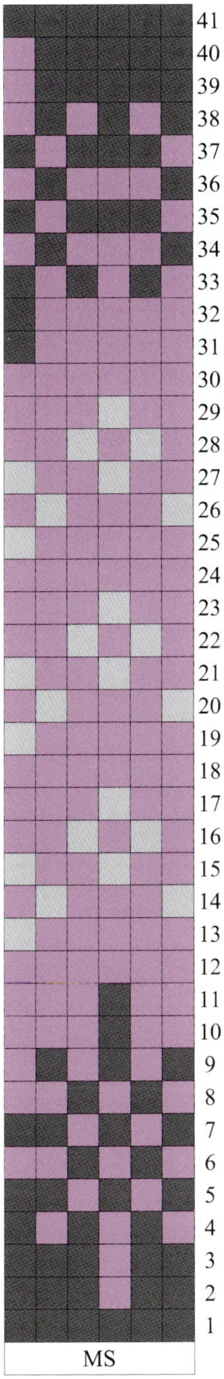

Zählmuster 2

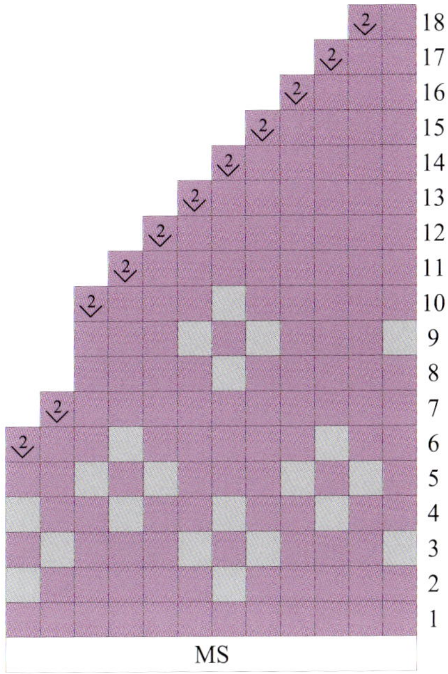

Zeichenerklärung

■ = 1 Masche rechts in Schwarz

■ = 1 Masche rechts in Fuchsia

□ = 1 Masche rechts in Sand

⩗ = 2 Maschen rechts zusammenstricken in Fuchsia

MS = Mustersatz

SHEPHERD

Strickjacke

Größe: 36–40 (42–46) 48–52

MATERIAL

- Woolly Hugs CHARITY (75 % Wolle, 15 % Polyamid, 10 % Polylactid, Lauflänge ca. 100 m/50 g) von L&K (www.VeronikaHug.com): je 250 (350) 450 g Schwarz (Farbe 99) und Terra (Farbe 28), je 100 (150) 200 g Camel (Farbe 08) und Tanne (Farbe 78), 150 (200) 250 g Mais (Farbe 27)
- 1 Rundstricknadel Nr. 3,5–4,5
- 2 Maschenhalter
- 9 Knöpfe, Durchmesser 22 mm

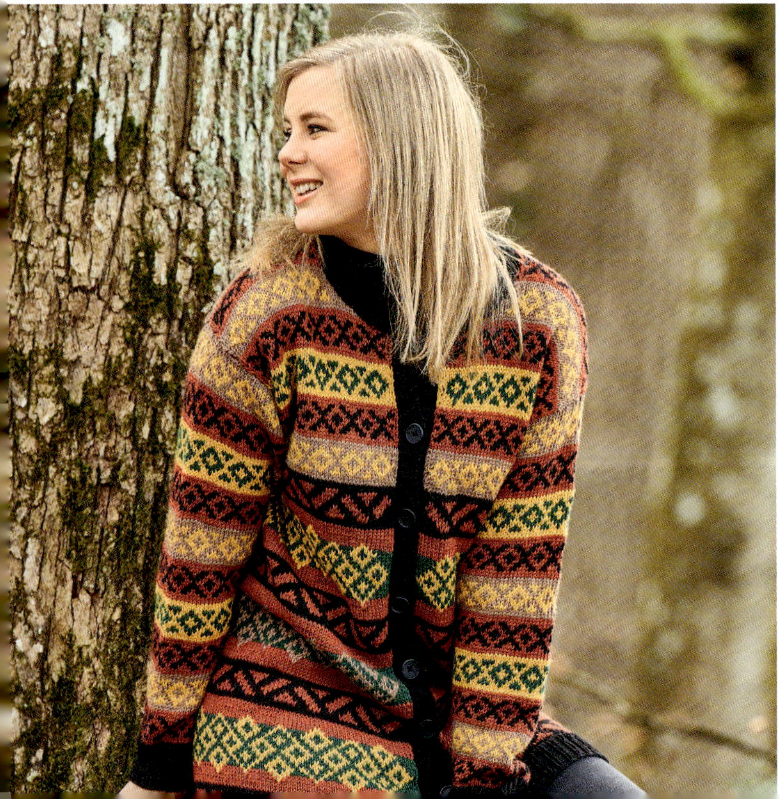

MUSTER

Randmaschen: Die 1. Masche wie zum Linksstricken abheben, der Faden liegt vor der Arbeit. Die letzte Masche rechts stricken.

Rippenmuster in Reihen: 1 Masche rechts, 1 Masche links im Wechsel stricken.

Blende über 9 Maschen: Im Rippenmuster arbeiten, die Randmasche jeweils wie oben beschrieben.

Glatt rechts in Reihen: In Hinreihen rechte, in Rückreihen linke Maschen stricken.

Fair-Isle-Muster 1: Die Maschenzahl muss durch 16 teilbar sein, plus 1 Masche, damit das Muster links und rechts aufgeht. Laut Zählmuster 1 in Jacquardtechnik stricken, dabei den unbenutzten Faden stets locker auf der Rückseite der Arbeit mitführen (siehe Workshop, Seite 8/9). Mit den Maschen vor dem Mustersatz (MS) beginnen, den MS stets wiederholen, enden mit den Maschen nach dem MS.

Fair-Isle-Muster 2: Die Maschenzahl muss durch 8 teilbar sein, plus 1 Masche, damit das Muster links und rechts aufgeht. Laut Zählmuster 2 in Jacquardtechnik stricken, dabei den unbenutzten Faden stets locker auf der Rückseite der Arbeit mitführen (siehe Workshop, Seite 8/9). Mit den Maschen vor dem Mustersatz (MS) beginnen, den MS stets wiederholen, enden mit den Maschen nach dem MS.

Maschenprobe: 20 Maschen x 36 Reihen = 10 x 10 cm

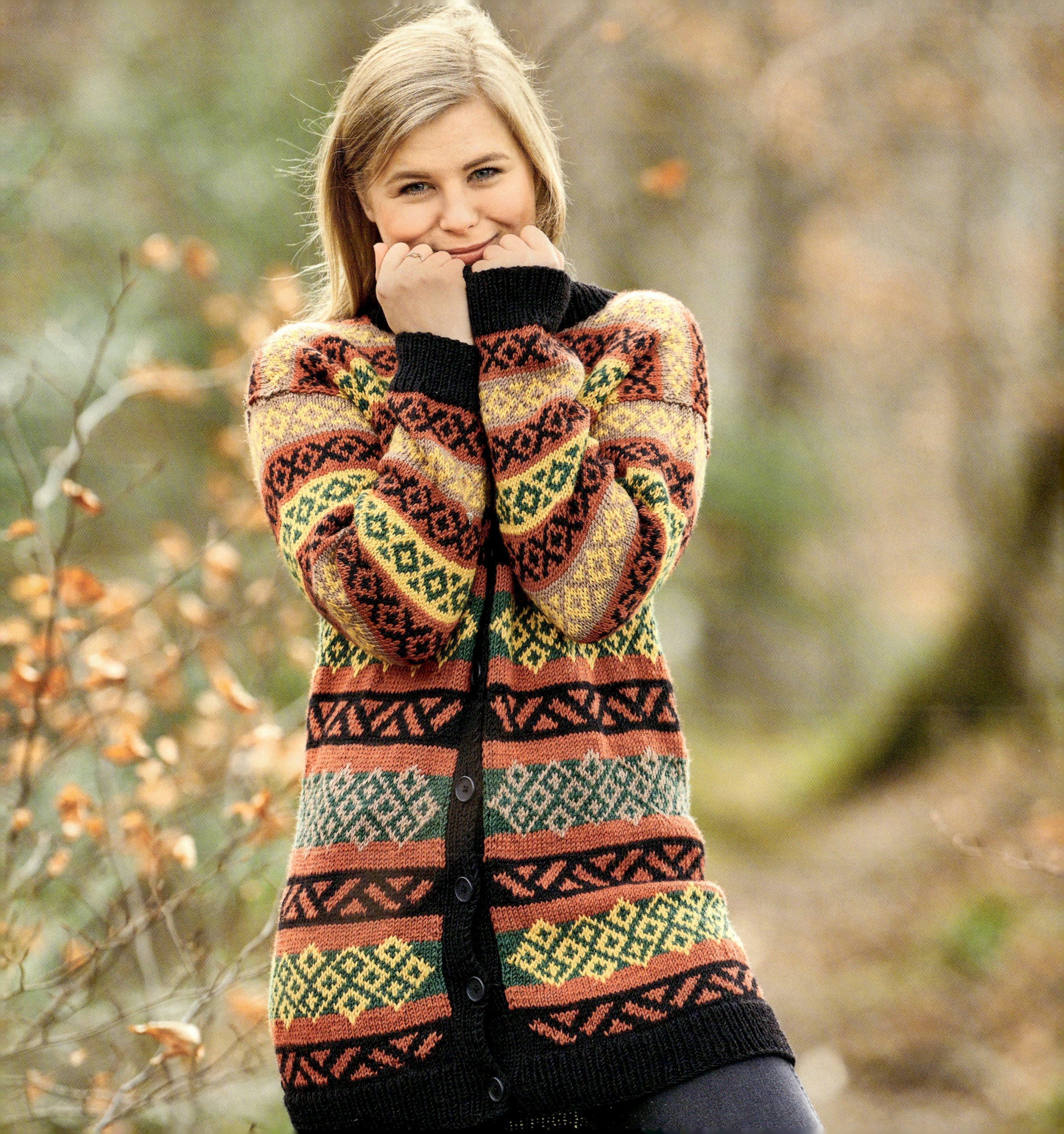

SO WIRD'S GEMACHT

Die **Vorderteile** und das **Rückenteil** werden im Zusammenhang gestrickt. Am unteren Saum beginnend in Schwarz 227 (259) 291 Maschen anschlagen und 6 cm im Rippenmuster arbeiten, dabei die Randmaschen stricken wie oben beschrieben. Im Anschluss wird in folgender Maschenaufteilung gestrickt: 9 Maschen im Rippenmuster (rechte Blende), 209 (241) 273 Maschen im Fair-Isle-Muster 1 bzw. 2, 9 Maschen im Rippenmuster (linke Blende). Die Blenden in Schwarz, das Fair-Isle-Muster in den angegebenen Farben stricken, dabei den schwarzen Faden stets mit den Arbeitsfäden des Fair-Isle-Musters auf der Rückseite verkreuzen.

Achtung: An der im Tragen rechten Blende in der 8. Reihe und dann 8 x in jeder 26. Reihe ein **Knopfloch** arbeiten. Hierfür am Ende der Rückreihe die 4. und 5. Blendenmasche links zusammenstricken und 1 Umschlag auf die Nadel nehmen. Den Umschlag in der nächsten Hinreihe links stricken.

Nach dem Bündchen das Fair-Isle-Muster zunächst laut Zählmuster 1 arbeiten. Den MS 12 (14) 16 x stricken. Die 1.–36. Reihe 1 x in den angegebenen Farben, 1 x mit den gelb gezeichneten Maschen in Camel, dann nochmals in den gezeichneten Farben arbeiten (siehe Foto Seite 45). Die 1.–11. Reihe noch 1 x wiederholen und in der letzten Reihe wie folgt stricken: 9 Blendenmaschen, 50 (58) 66 Maschen rechtes Vorderteil, die nächsten 5 Maschen für die Ärmelöffnung abketten, 99 (115) 131 Maschen Rückenteil, die nächsten 5 Maschen für die Ärmelöffnung abketten, 50 (58) 66 Maschen linkes Vorderteil und 9 Blendenmaschen.

Nun die Vorderteile und das Rückenteil getrennt arbeiten.

Das **Vorderteil** mit folgender Maschenaufteilung stricken: 9 Blendenmaschen, 49 (57) 65 Maschen laut Zählmuster 2 und 1 Randmasche = 59 (67) 75 Maschen. Die 1.–44. Reihe 1 x stricken, dann die 1.–22. (1.–33.) 1.–33. Reihe noch 1 x wiederholen. Nach 18,5 (22,5) 22,5 cm ab Armausschnitt für den Halsausschnitt die 9 Blendenmaschen auf dem Maschenhalter stilllegen und in jeder 2. Reihe 1 x 4 Maschen, 2 x 3 Maschen, 2 x 2 Maschen und 2 x 1 Masche abketten = 34 (42) 50 Maschen. Gerade weiter im Fair-Isle-Muster 2 stricken, dann alle Maschen abketten. An den Vorderteilen werden 11 Reihen mehr gestrickt als am Rückenteil, damit das Muster fortlaufend über die Schulter führt. Das andere Vorderteil gegengleich stricken.

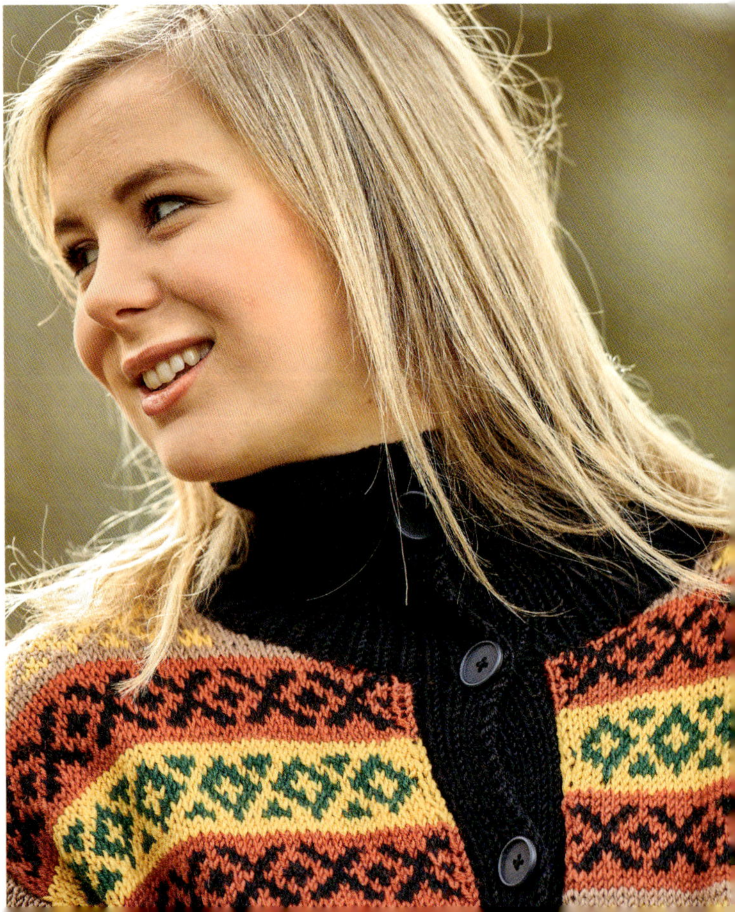

Das **Rückenteil** mit folgender Maschenaufteilung stricken: 1 Randmasche, 97 (113) 129 Maschen laut Zählmuster 2 und 1 Randmasche = 99 (115) 131 Maschen. Die 1.–44. Reihe 1 x stricken, dann die 1.–11. (1.–22.) 1.–22. Reihe noch 1 x wiederholen. Anschließend alle Maschen abketten.

Für die **Ärmel** in Schwarz 51 (59) 67 Maschen anschlagen und 6 cm im Rippenmuster stricken. Weiter im Fair-Isle-Muster 2 arbeiten, die zusätzlichen Randmaschen sind nicht eingezeichnet: mit der 12.–22. Reihe beginnen, dann die 1.–44.

Zählmuster 1

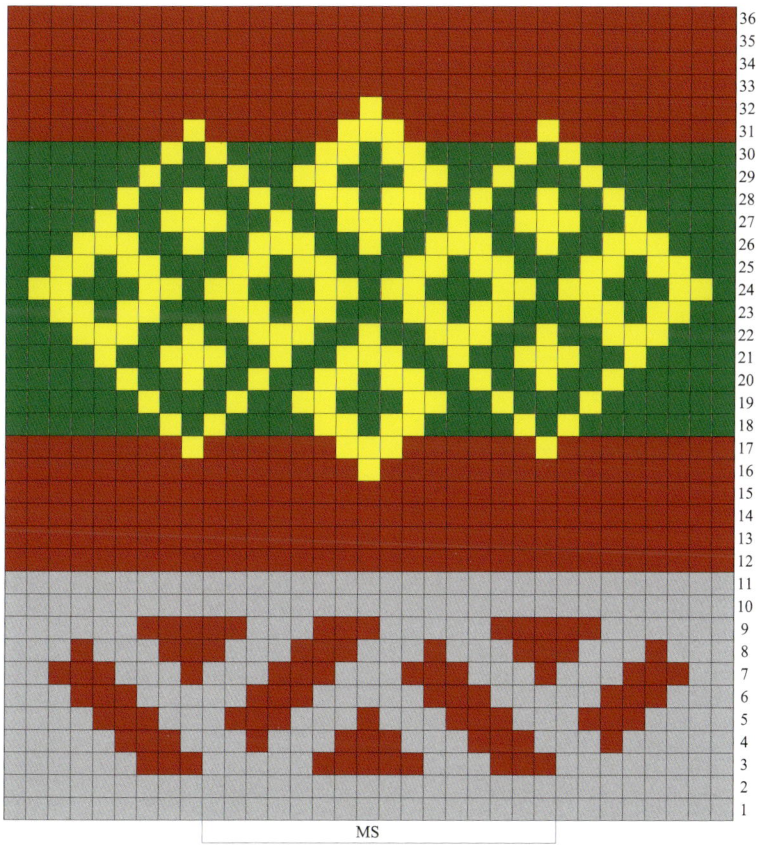

Zählmuster 2

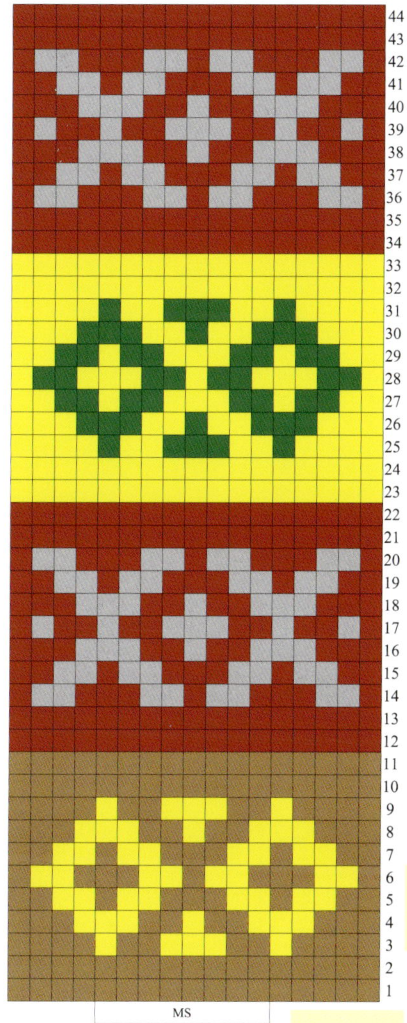

Zeichenerklärung

- = 1 Masche glatt rechts in Schwarz
- = 1 Masche glatt rechts in Terra
- = 1 Masche glatt rechts in Mais
- = 1 Masche glatt rechts in Tanne
- = 1 Masche glatt rechts in Camel

MS = Mustersatz

Reihe 2 x stricken, enden mit der 1.–11. Reihe. GLEICHZEITIG für die Ärmelschrägen 10 (5) 0 x in jeder 6. Reihe und 11 (18) 27 x in jeder 4. Reihe beidseitig je 1 Masche zunehmen, die zugenommenen Maschen jeweils ins Muster einfügen = 93 (105) 121 Maschen. Alle Maschen abketten.

Fertigstellung

Die Schulternähte über 17 (21) 25 cm schließen. Für den Kragen zu den stillgelegten Maschen der vorderen Blenden aus dem Halsausschnitt in Schwarz 85 Maschen auffassen = 103 Maschen. 14 cm im Rippenmuster stricken, die Knöpflöcher weiter in jeder 26. Reihe arbeiten. Alle Maschen locker abketten. Die unteren Ärmelnähte schließen und die Ärmel einsetzen. Die Knöpfe annähen.

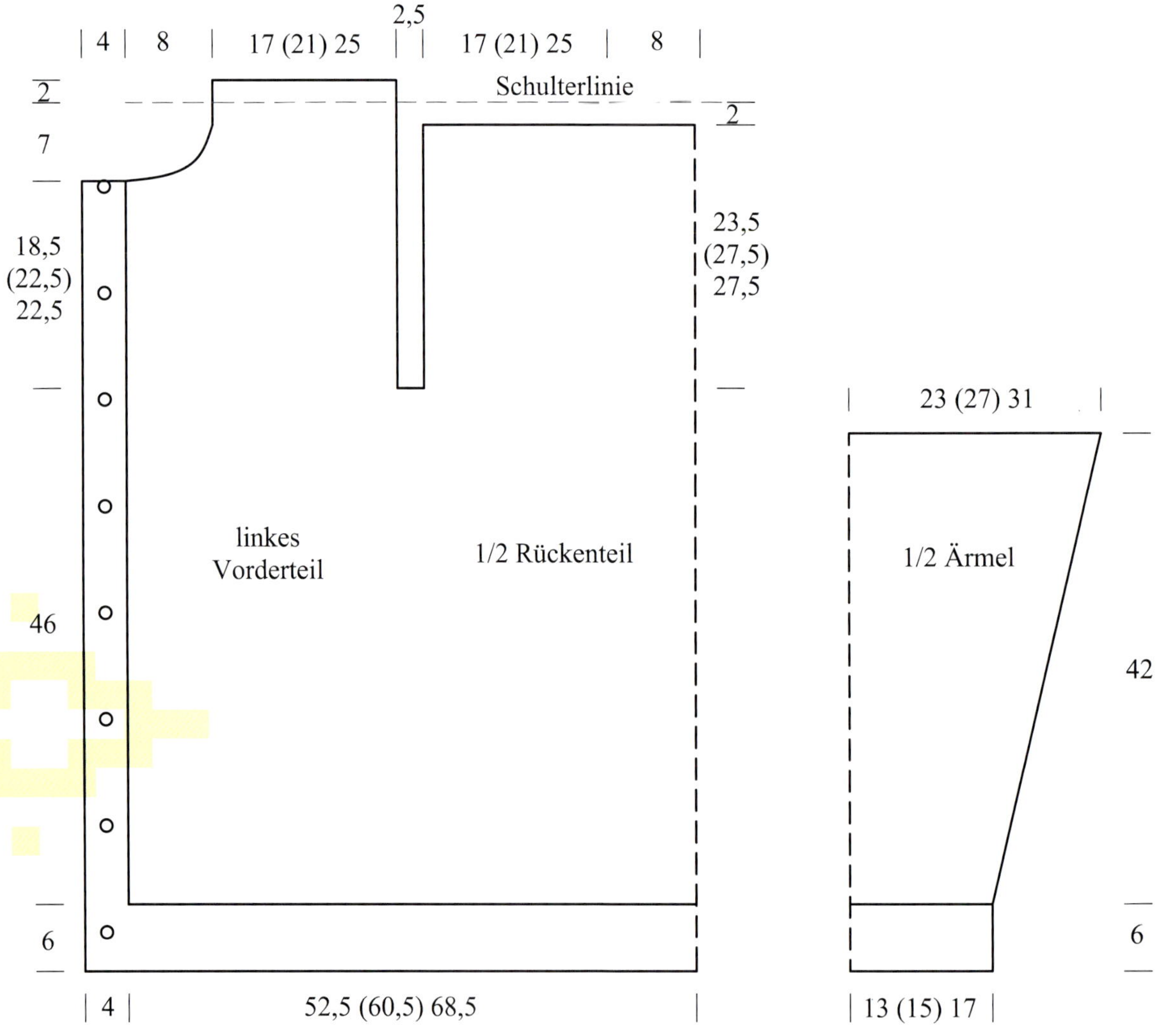

SELKIE

Mütze & Schal

Größe Mütze: 54–58 cm Kopfumfang · Maße Schal: 21 cm breit, 170 cm lang

MATERIAL

- Woolly Hugs SHEEP (50 % Wolle, Merino extrafein, 28 % Baumwolle, 22 % Polyamid, Lauflänge ca. 110 m/50 g) von L&K (www.VeronikaHug.com): 250 g Grau (Farbe 90) und je 50 g Anthrazit (Farbe 98) und Türkis (Farbe 65)
- 1 Fell-Pompon in Rauch von Pro Lana (Art. Nr. 27 8204)
- 1 kurze Rundstricknadel Nr. 5,5–6,5
- 1 Nadelspiel Nr. 5,5–6,5

MUSTER

Rippenmuster in Runden: 1 Masche rechts, 2 Maschen links im Wechsel stricken.

Glatt rechts in Runden: Alle Maschen rechts stricken.

Fair-Isle-Muster in Runden: Die Maschenzahl muss durch 6 teilbar sein. Laut Zählmuster in Jacquardtechnik stricken, dabei den unbenutzten Faden stets locker auf der Rückseite der Arbeit mitführen (siehe Workshop, Seite 8/9). In der Breite den gezeichneten Mustersatz (MS) stets wiederholen.

Maschenprobe: 14 Maschen x 20 Reihen = 10 x 10 cm

SO WIRD'S GEMACHT

Mütze

Am unteren Rand beginnend in Anthrazit 78 Maschen anschlagen, zur Runde schließen und 8 Runden im Rippenmuster stricken. Weiter im Fair-Isle-Muster laut Zählmuster in den angegebenen Farben arbeiten. Den gezeichneten MS in der Breite 13 x stricken. In der Höhe die 7.–42. Runde laut Zählmuster (= MS für die Mütze) arbeiten. Ab der 29. Runde mit den Abnahmen beginnen und in jeder 3. Runde in je-

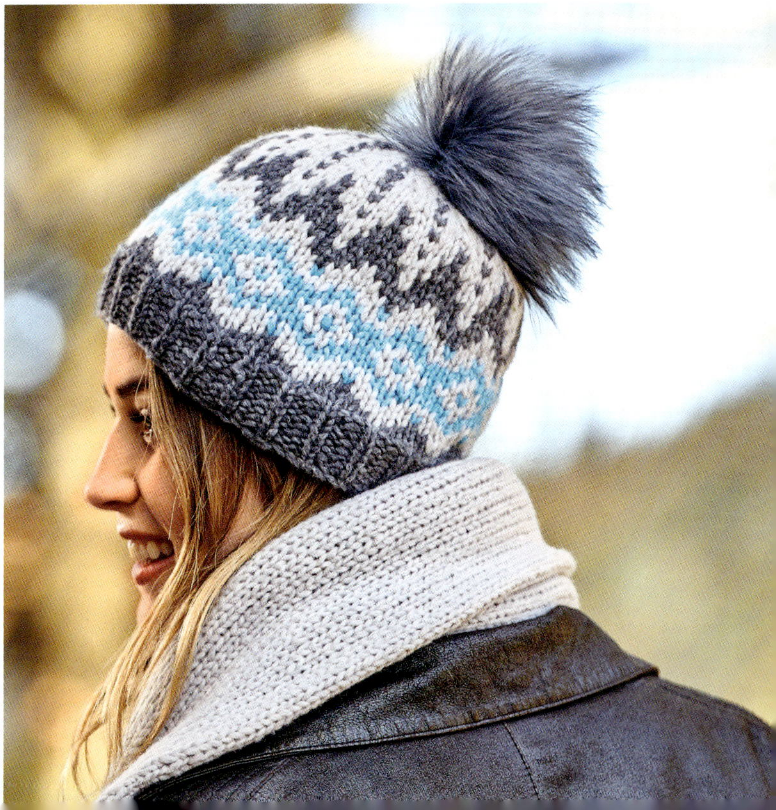

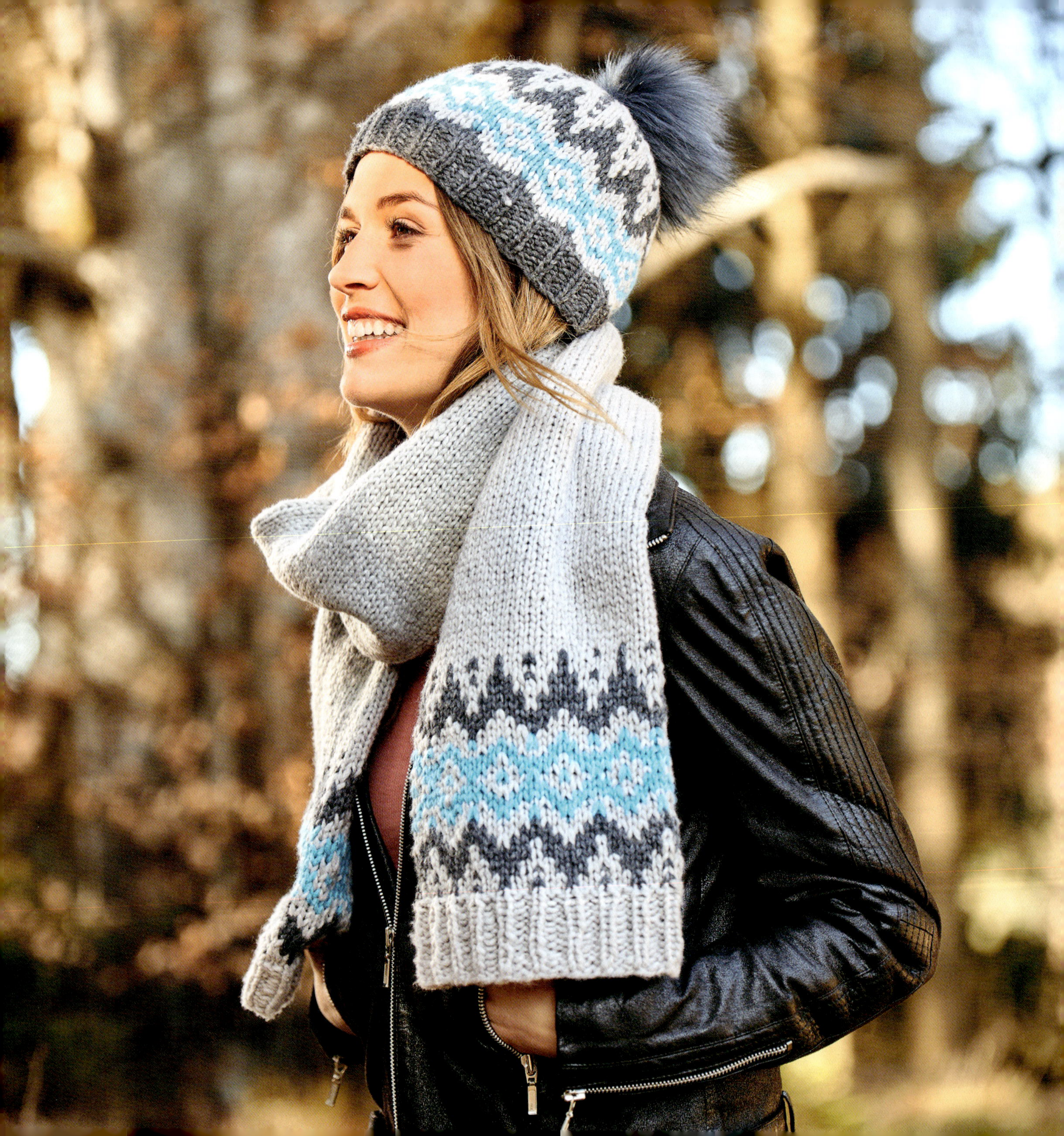

dem MS wie eingezeichnet abwechselnd 2 Maschen rechts zusammenstricken und 2 Maschen überzogen zusammenstricken. Mit geringer werdender Maschenzahl die Maschen auf das Nadelspiel nehmen. Die restlichen 13 Maschen mit dem Arbeitsfaden fest zusammenziehen und vernähen. Den Druckknopf des Fell-Pompons annähen und den Pompon anbringen.

Schal

Der Schal ist doppellagig. In Grau 60 Maschen anschlagen und zur Runde schließen. 12 Runden im Rippenmuster stricken. Weiter im Fair-Isle-Muster laut Zählmuster in den angegebenen Farben arbeiten. Den gezeichneten MS in der Breite 10 x stricken. In der Höhe die 1.–27. Runde 1 x arbeiten (= MS für den Schal). Dann 128 cm glatt rechts in Grau stricken. Am anderen Schalende im Fair-Isle-Muster die 1.–27. Runde laut Zählmuster 1 x arbeiten (= MS für den Schal), enden mit 12 Runden im Rippenmuster in Grau. Alle Maschen locker abketten.

Zeichenerklärung

- = 1 Masche rechts in Grau
- = 1 Masche rechts in Anthrazit
- = 1 Masche rechts in Türkis
- 2 = 2 Maschen rechts zusammenstricken in Grau
- = 2 Maschen überzogen zusammenstricken in Grau

MS = Mustersatz

Zählmuster

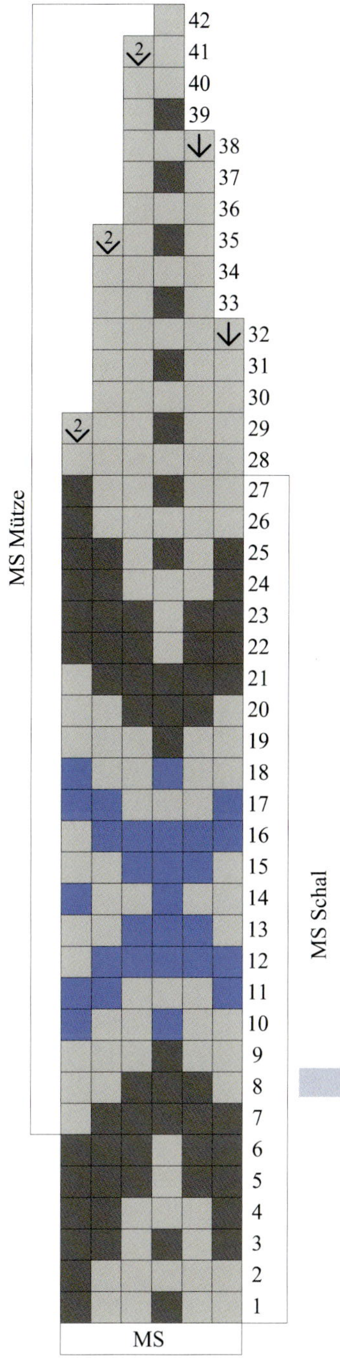

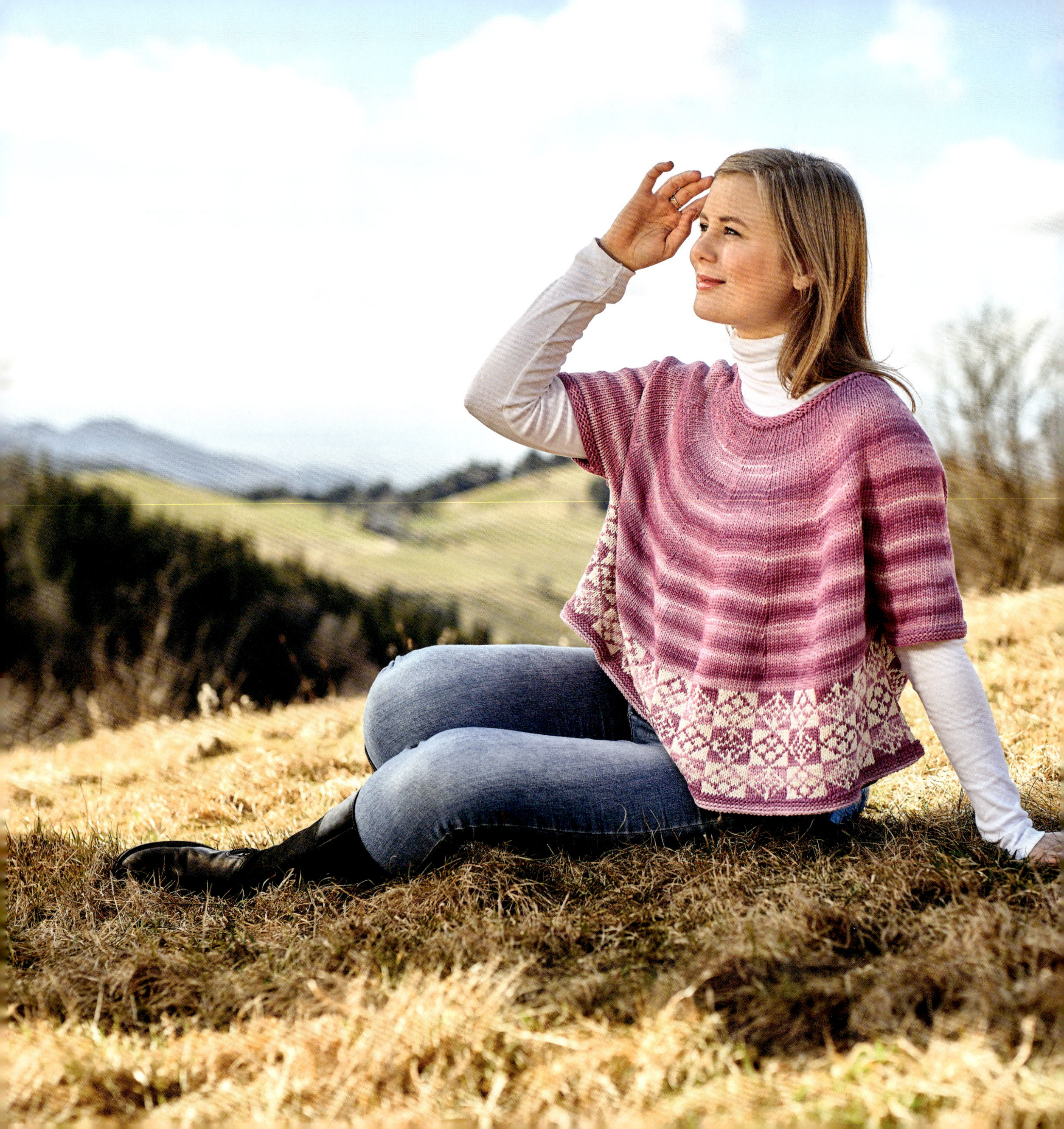

CRIMSON

Ponchopullover

Größe: 36-40 (42-46) 48-52

MATERIAL

- Woolly Hugs BANDY WISH (100 % Baumwolle, Lauflänge ca. 210 m/100 g) von L&K (www.VeronikaHug.com): 400 (500) 600 g Beere (Farbe 82)
- Woolly Hugs BANDY UNI (100 % Baumwolle, Lauflänge ca. 210 m/100 g) von L&K (www.VeronikaHug.com): 100 g Natur (Farbe 02)
- 1 kurze und 1 normale Rundstricknadel Nr. 4,5–5

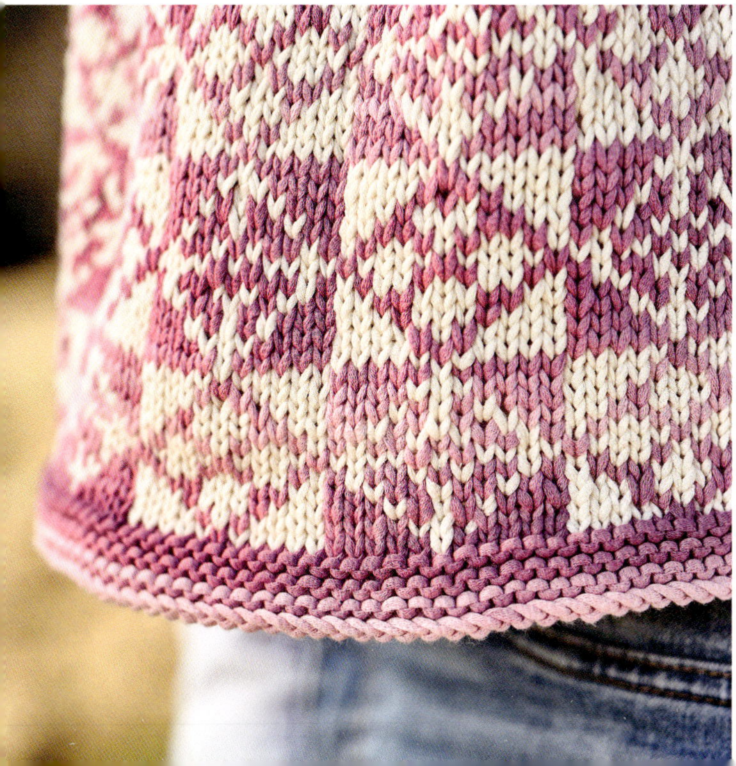

MUSTER

Kraus rechts in Reihen: In Hin- und Rückreihen rechte Maschen stricken.

Kraus rechts in Runden: 1 Runde rechte, 1 Runde linke Maschen im Wechsel stricken.

Glatt rechts in Runden: Alle Maschen rechts stricken.

Fair-Isle-Muster in Runden: Die Maschenzahl muss durch 22 teilbar sein. Laut Zählmuster in Jacquardtechnik stricken, dabei den unbenutzten Faden stets locker auf der Rückseite der Arbeit mitführen (siehe Workshop, Seite 8/9). In der Breite den gezeichneten Mustersatz (MS) stets wiederholen.

Maschenprobe: 20 Maschen x 24 Reihen = 10 x 10 cm

SO WIRD'S GEMACHT

Am unteren **Saum** beginnend mit der normalen Rundstricknadel in Beere 308 (330) 352 Maschen anschlagen und zur Runde schließen. 6 Runden kraus rechts stricken. Weiter im Fair-Isle-Muster in Beere und Natur laut Zählmuster stricken. Den gezeichneten MS 14 (15) 16 x stricken. In der Höhe die 1.–22. Runde 1 x und die 1.–11. Runde noch 1 x arbeiten, dann die Maschen stilllegen.

Weiter in Beere stricken. Für die beiden **Ärmelblenden** jeweils mit der kurzen Rundstricknadel 66 (77) 88 Maschen anschlagen und 6 Reihen kraus rechts stricken.

Für das **Oberteil** alle Maschen wie folgt zusammenführen: die 154 (165) 176 Maschen des Vorderteils, die 66 (77) 88 Maschen des rechten Ärmels, die 154 (165) 176 Maschen des Rückenteils und die 66 (77) 88 Maschen des linken Ärmels = 440 (484) 528 Maschen. 12 (16) 20 Runden glatt rechts stricken. Für die Schulterrundung in der nächsten Runde 20 (22) 24 x die 21. und 22. Masche überzogen zusammenstricken. Dann noch 16 x in jeder 5. Runde über den gleichen Abnahmestellen je 2 Maschen überzogen zusammenstricken = 100 (110) 120 Maschen. Nach 38,5 (40) 41,5 cm ab Beginn des Oberteils 6 Runden kraus rechts stricken und alle Maschen locker abketten. Die Schmalseiten der Ärmelblenden zusammennähen.

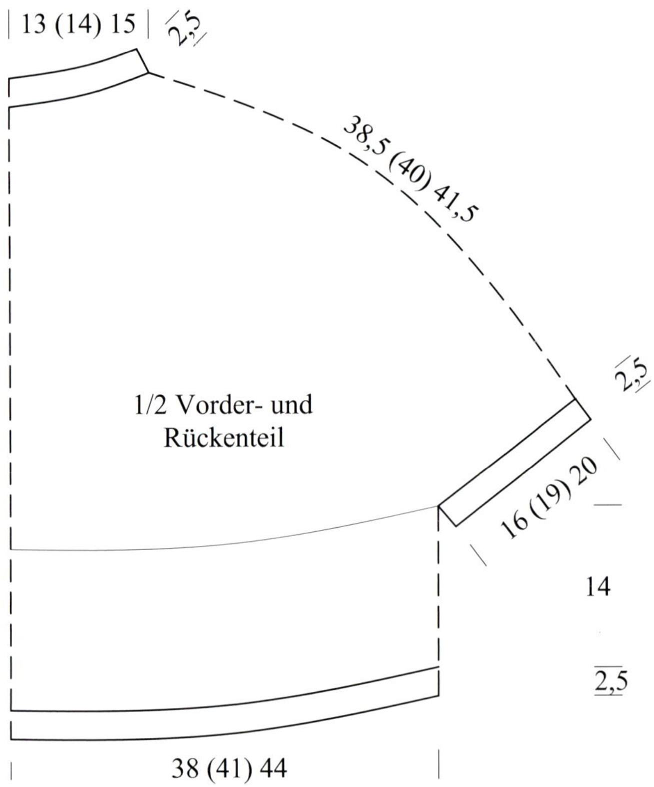

Zählmuster

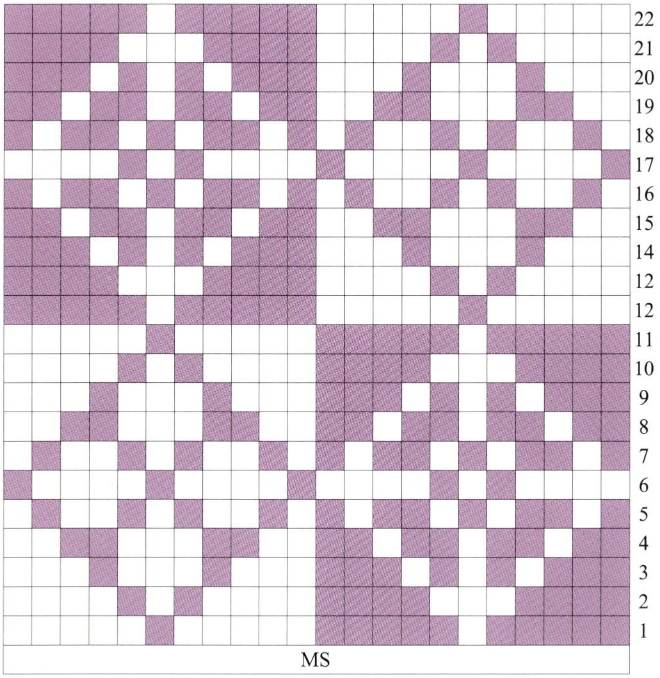

Zeichenerklärung

▪ = 1 Masche rechts in Beere

☐ = 1 Masche rechts in Natur

MS = Mustersatz

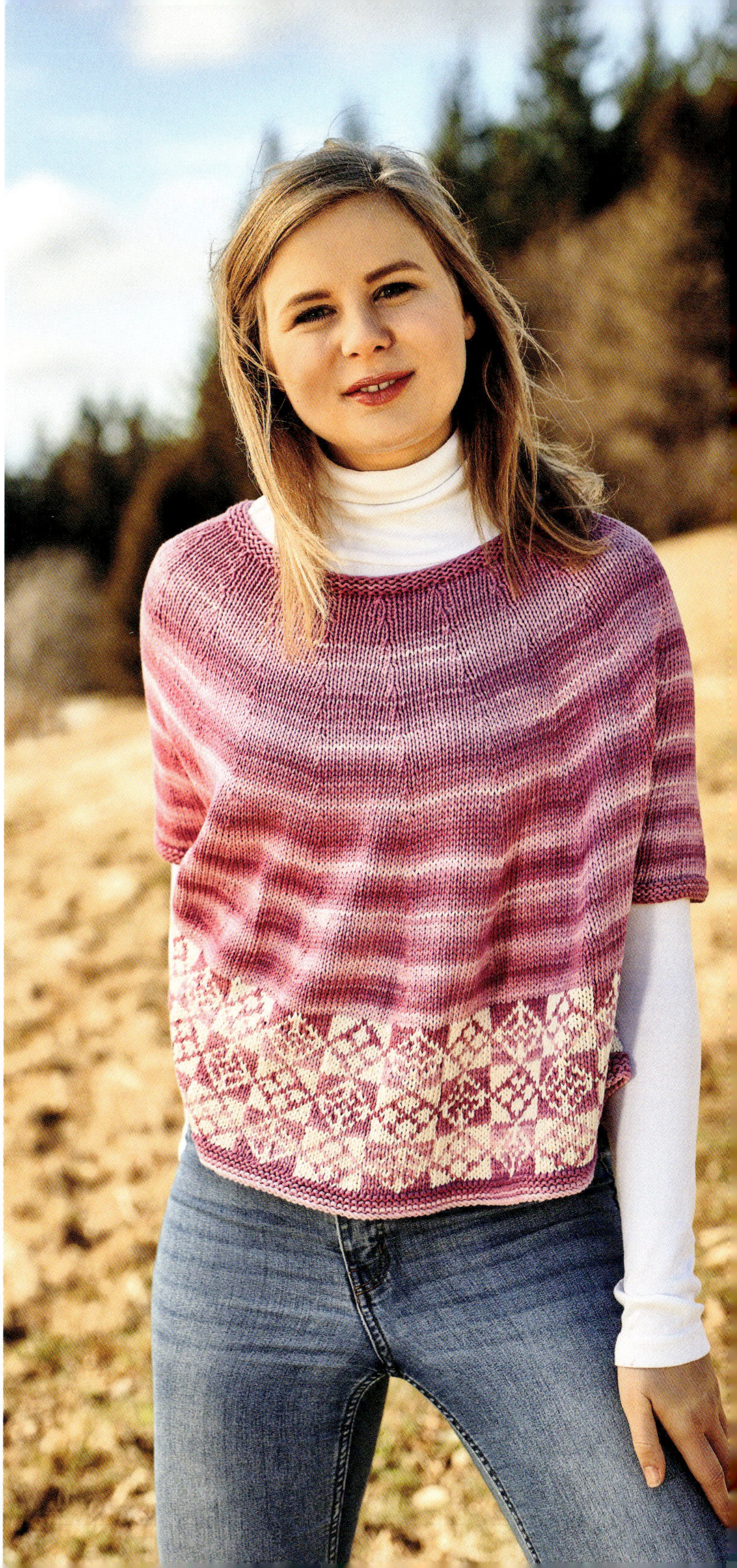

LIGHTHOUSE

Poncho & Stulpen

Größe Poncho: 36–42 (44–50) · Maße Stulpen: 27 (30) cm Umfang, 34 cm lang

MATERIAL

- Woolly Hugs CHARITY (75 % Wolle, 15 % Polyamid, 10 % Polylactid, Lauflänge ca. 100 m/50 g) von L&K (www.VeronikaHug.com): 250 (350) g Anthrazit (Farbe 97) und je 100 (150) g Royal (Farbe 51), Stein (Farbe 90) und Weiß (Farbe 01)
- 1 kurze und 1 normale Rundstricknadel Nr. 3,5
- 1 Nadelspiel Nr. 3,5

MUSTER

Rippenmuster: 1 Masche rechts, 2 Maschen links im Wechsel stricken.

Glatt rechts in Runden: Alle Maschen rechts stricken.

Fair-Isle-Muster in Runden: Die Maschenzahl muss durch 6 teilbar sein. Laut Zählmuster in Jacquardtechnik stricken, dabei den unbenutzten Faden stets locker auf der Rückseite der Arbeit mitführen (siehe Workshop, Seite 8/9). In der Breite den gezeichneten Mustersatz (MS) stets wiederholen, in der Höhe die 1.–36. Runde 1 x arbeiten.

Maschenprobe: 20 Maschen x 26 Reihen = 10 x 10 cm

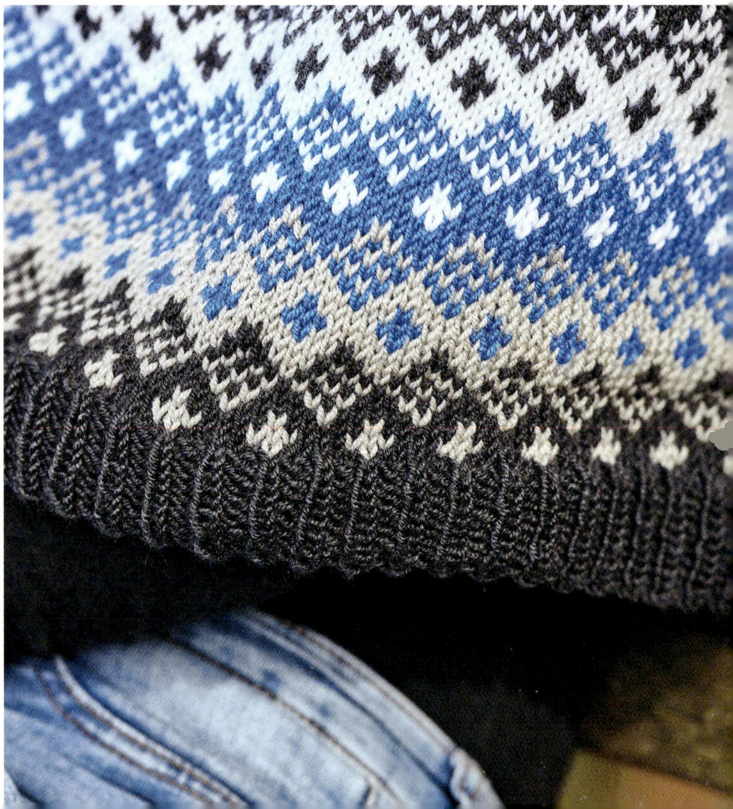

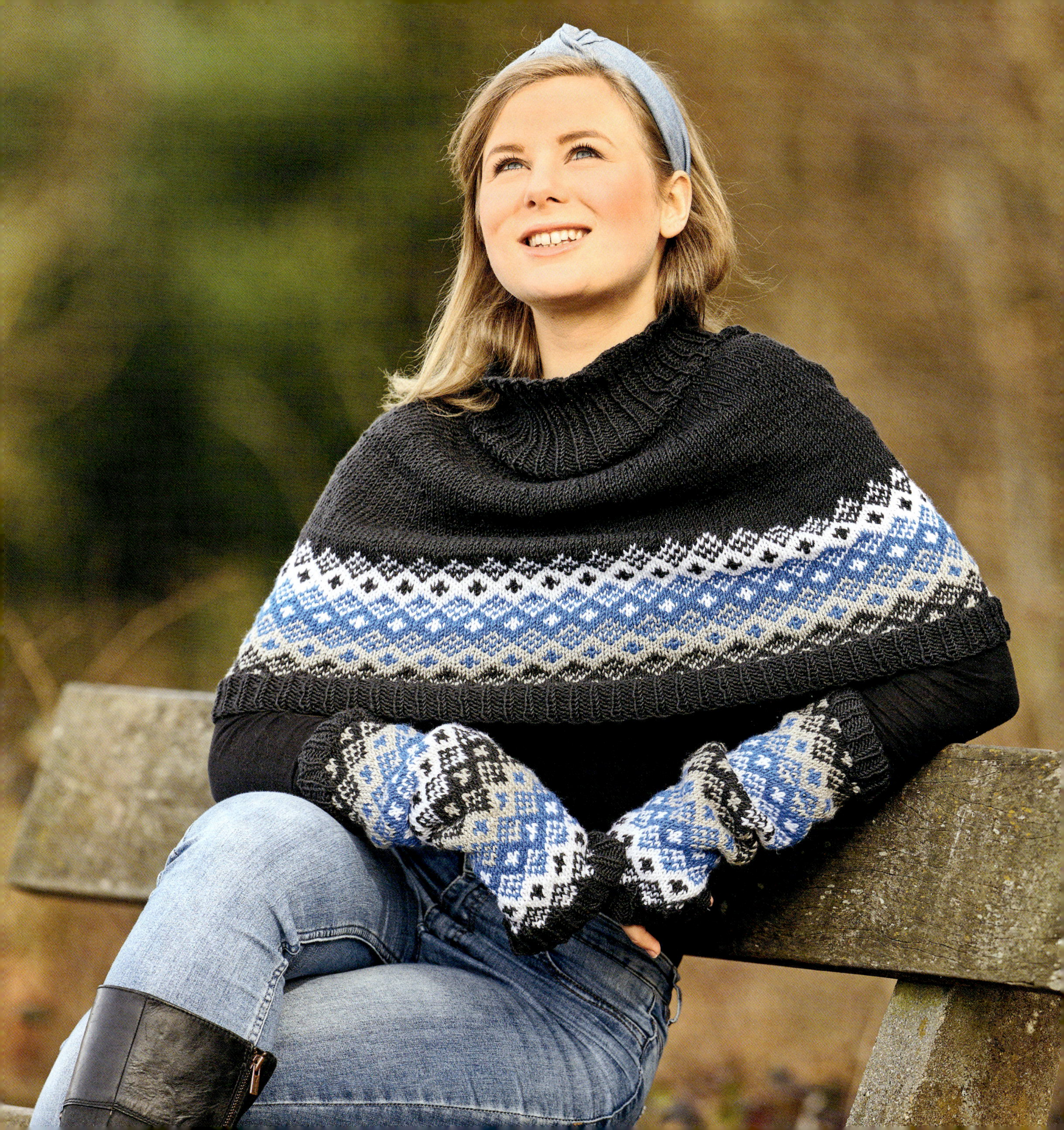

SO WIRD'S GEMACHT

Poncho

An der unteren Kante beginnend mit der normalen Rundstricknadel in Schwarz 264 (288) anschlagen und zur Runde schließen. 10 Runden im Rippenmuster arbeiten. Weiter im Fair-Isle-Muster laut Zählmuster in den angegebenen Farben stricken. Den gezeichneten MS in der Breite 44 (48) x stricken. Die 1.–36. Runde 1 x arbeiten. Weiter glatt rechts in Schwarz stricken, dabei für die Schulterrundung in der nächsten Runde 22 (24) x die 11. und 12. Masche rechts zusammenstricken. Dann noch 6 x in jeder 6. (8.) Runde über den gleichen Abnahmestellen je 2 Maschen rechts zusammenstricken = 110 (120) Maschen. Mit geringer werdender Maschenzahl die Maschen auf die kurze Rundstricknadel nehmen. Noch 9 cm im Rippenmuster stricken und alle Maschen locker abketten.

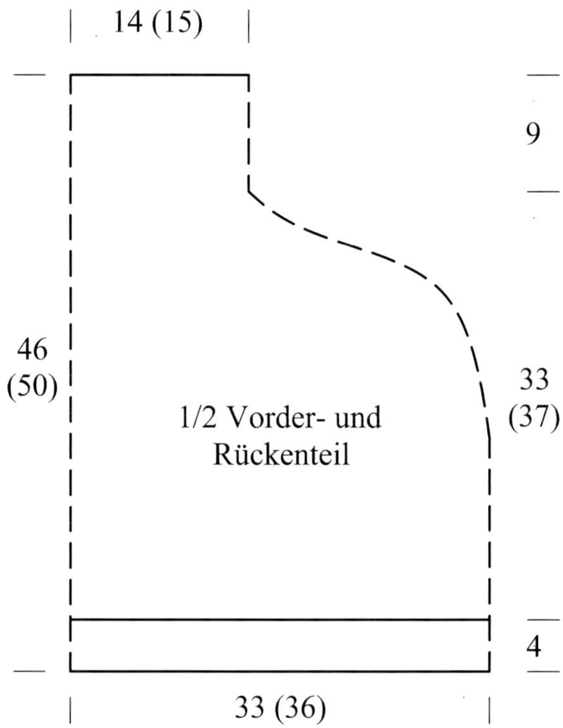

Stulpen

Mit dem Nadelspiel in Schwarz 54 (60) anschlagen und zur Runde schließen. 8 Runden im Rippenmuster arbeiten. Weiter im Fair-Isle-Muster laut Zählmuster in den angegebenen Farben stricken. Den gezeichneten MS in der Breite 9 (10) x stricken. Die 1.–36. Runde 2 x arbeiten. In Schwarz noch 8 Runden im Rippenmuster stricken und alle Maschen locker abketten.

Zählmuster

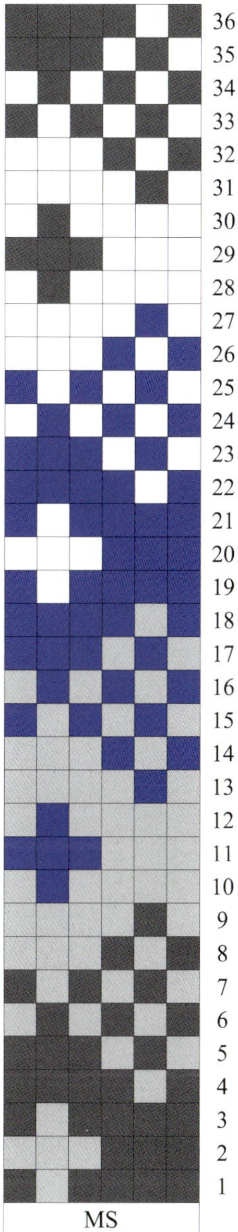

Zeichenerklärung

- ■ = 1 Masche rechts in Anthrazit
- ■ = 1 Masche rechts in Stein
- ■ = 1 Masche rechts in Royal
- □ = 1 Masche rechts in Weiß

MS = Mustersatz

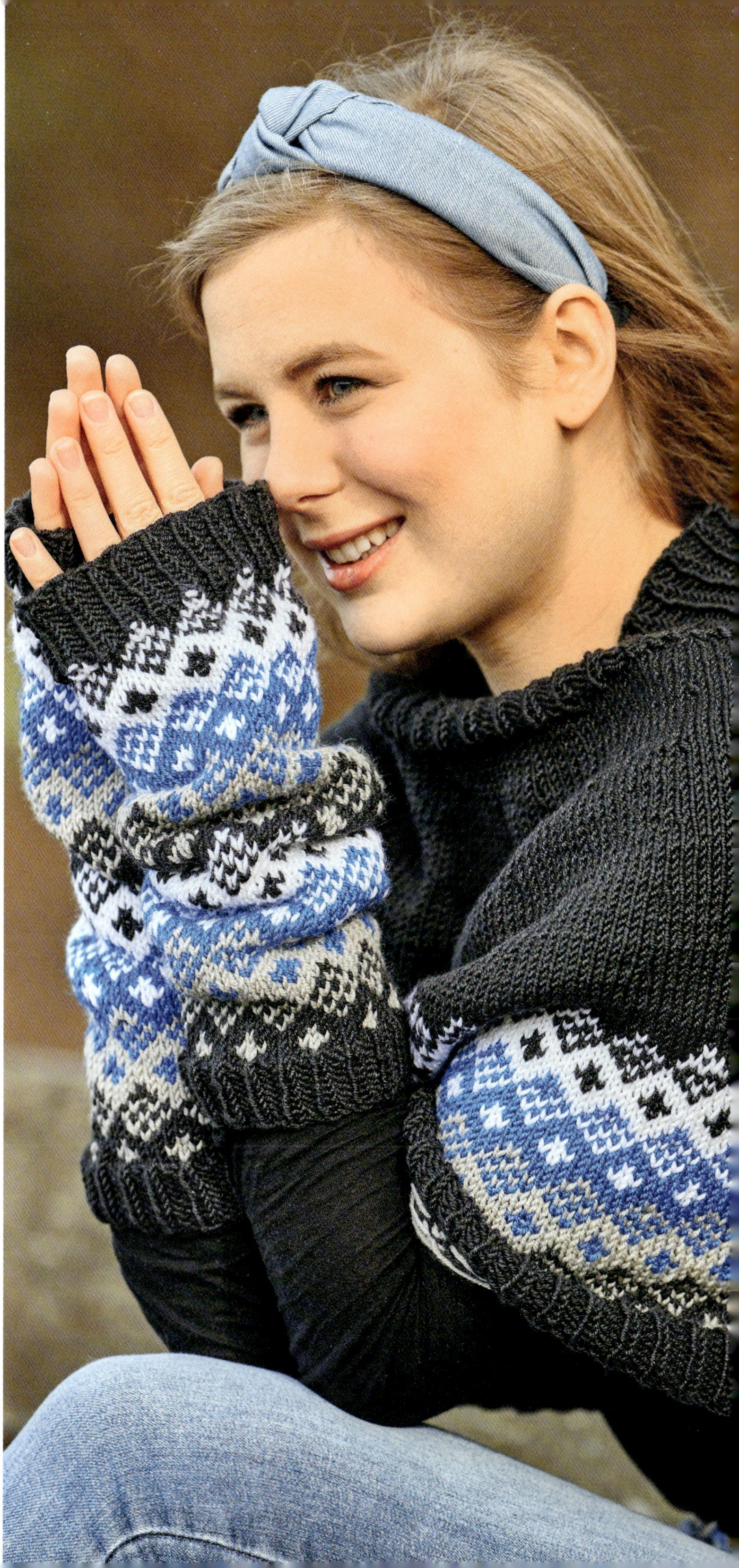

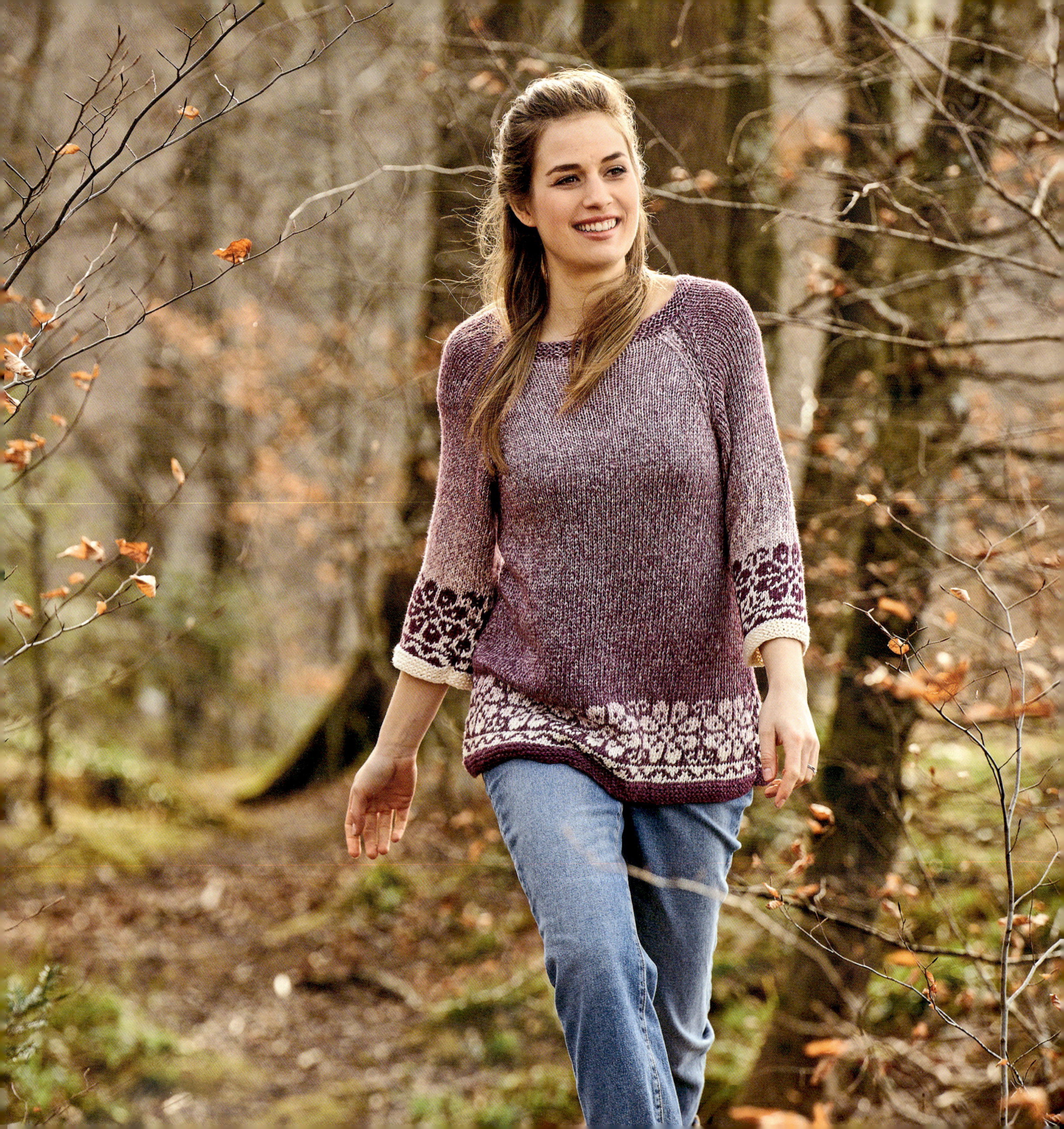

BLOSSOM

Pulli

Größe: 36-40 (42-46) 48-52

MATERIAL

- Woolly Hugs SKY (100 % Baumwolle, Lauflänge ca. 250 m/100 g) von L&K (www.VeronikaHug.com): 400 (600) 600 g Aubergine (Farbe 38)
- 1 kurze und 1 normale Rundstricknadel Nr. 5,5-6,5

MUSTER

Randmaschen: Die 1. Masche wie zum Linksstricken abheben, der Faden liegt vor der Arbeit. Die letzte Masche rechts stricken.

Kraus rechts in Reihen: In Hin- und Rückreihen rechte Maschen stricken.

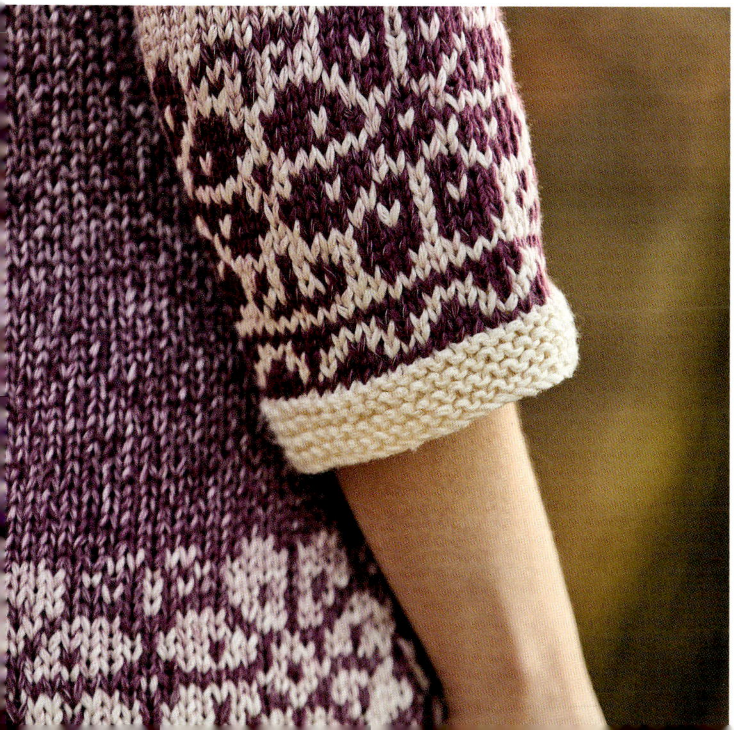

Kraus rechts in Runden: 1 Runde rechte, 1 Runde linke Maschen im Wechsel stricken.

Glatt rechts in Reihen: In Hinreihen rechte, in Rückreihen linke Maschen stricken.

Fair-Isle-Muster: Die Maschenzahl muss durch 18 teilbar sein, plus 1 Masche, damit das Muster links und rechts aufgeht, plus 2 Randmaschen. Laut Zählmuster in Jacquardtechnik stricken, dabei den unbenutzten Faden stets locker auf der Rückseite der Arbeit mitführen (siehe Workshop, Seite 8/9). Mit den Maschen vor den Mustersatz (MS) beginnen, den MS stets wiederholen, enden mit der Masche nach dem MS. Die 1.–23. Reihe 1 x stricken.

Maschenprobe: 15 Maschen x 22 Reihen = 10 x 10 cm

Hinweis: Das Knäuel hat einen langen, einfachen Farbverlauf, der sich über die komplette Lauflänge erstreckt. Man kann es wunschgemäß von außen oder von innen abstricken. Der Farbverlauf ist bei jedem Knäuel gleich. Bei der kleinen Größe für das Vorderteil, das Rückenteil und pro Ärmel jeweils mit 1 Knäuel arbeiten. Bei den größeren Größen für das Vorderteil und das Rückenteil jeweils gleichzeitig mit 2 Knäueln und pro Ärmel jeweils mit 1 Knäuel arbeiten. Am Vorder- und Rückenteil, wenn das Knäuel aufgebraucht ist, das jeweils 2. Knäuel farbgleich anstricken. Die Knäuel werden für Farbe 1 und Farbe 2 wie in der Anleitung beschrieben von innen oder außen abgestrickt.

SO WIRD'S GEMACHT

Für das **Vorderteil** für Farbe 1 ein Knäuel von außen abstricken und für Farbe 2 bei der kleinen Größe dasselbe Knäuel gleichzeitig von innen abstricken, bei den größeren Größen ein 2. Knäuel von innen abstricken. Am unteren Saum beginnend mit der normalen Rundstricknadel 93 (111) 129 Maschen in Farbe 1 anschlagen und 8 Reihen kraus rechts stricken. Dann im Fair-Isle-Muster in Farbe 1 und Farbe 2 laut Zählmuster arbeiten. Die 1.–23. Reihe 1 x arbeiten. Weiter in Farbe 1 glatt rechts stricken, dabei für die seitlichen Abnahmen in der 1. Reihe nach dem Fair-Isle-Muster und weiter 10 (11) 12 x in jeder 6. Reihe beidseitig je 1 Masche abnehmen = 71 (87) 103 Maschen. Nach 44 (47) 50 cm ab Anschlag beidseitig je 3 (5) 7 Maschen abketten = 65 (77) 89 Maschen. Für die Raglanschräge am Oberteil 21 (23) 25 x in jeder 2. Reihe beidseitig eine betonte Abnahme stricken. Hierfür am Reihenanfang nach der Randmasche die nächsten beiden Maschen überzogen zusammenstricken. Am Reihenende die 2 Maschen vor der Randmasche rechts zusammenstricken und die Randmasche rechts stricken. Die restlichen 23 (31) 39 Maschen stilllegen.

Das **Rückenteil** ebenso arbeiten.

Für den **Ärmel** bei allen Größen ein Knäuel für Farbe 1 von innen und gleichzeitig für Farbe 2 von außen abstricken. Am Ärmelsaum beginnen. Mit der kurzen Rundstricknadel 57 Maschen in Farbe 1 anschlagen und 8 Reihen kraus rechts stricken. Die 1.–23. Reihe 1 x arbeiten. Weiter in Farbe 1 glatt rechts stricken. Für die Ärmelschräge 5 x in jeder 6. Reihe (8 x in jeder 4. Reihe) 11 x in jeder 3. Reihe beidseitig je 1 Masche zunehmen = 67 (73) 79 Maschen. Nach 30,5 cm ab Anschlag beidseitig je 3 (5) 7 Maschen abketten = 61 (63) 65 Maschen. Für die Raglanschräge 21 (23) 25 x in jeder 2. Reihe beidseitig eine betonte Abnahme wie beim Vorderteil beschrieben stricken. Die restlichen 19 (17) 15 Maschen stilllegen.

Den **zweiten Ärmel** ebenso arbeiten.

Fertigstellung

Für die Halsblende die stillgelegten Maschen des Vorder- und Rückenteils und der Ärmel zur Runde zusammenführen – 84 (96) 108 Maschen und mit der kurzen Rundstricknadel 8 Runden kraus rechts mit Farbe 1 des Ärmels stricken. Alle Maschen locker abketten. Die Seitennähte, die unteren Ärmelnähte und die Nähte an den Raglanschrägen schließen.

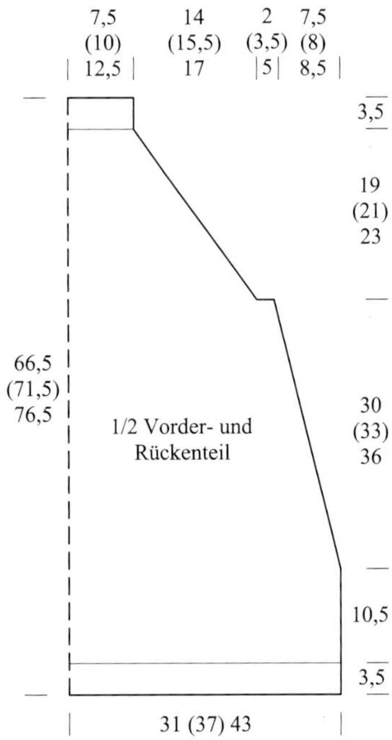

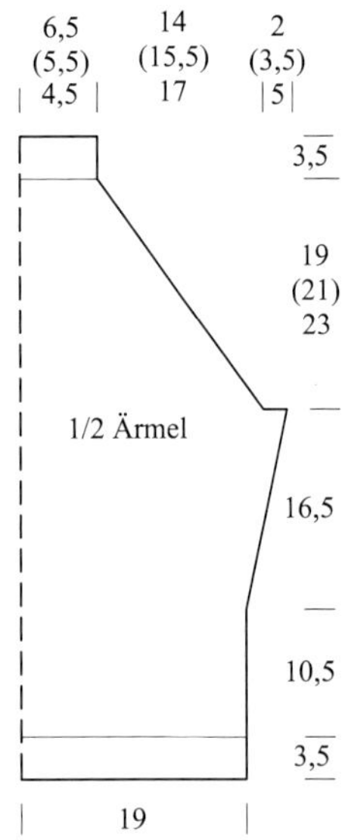

Zählmuster

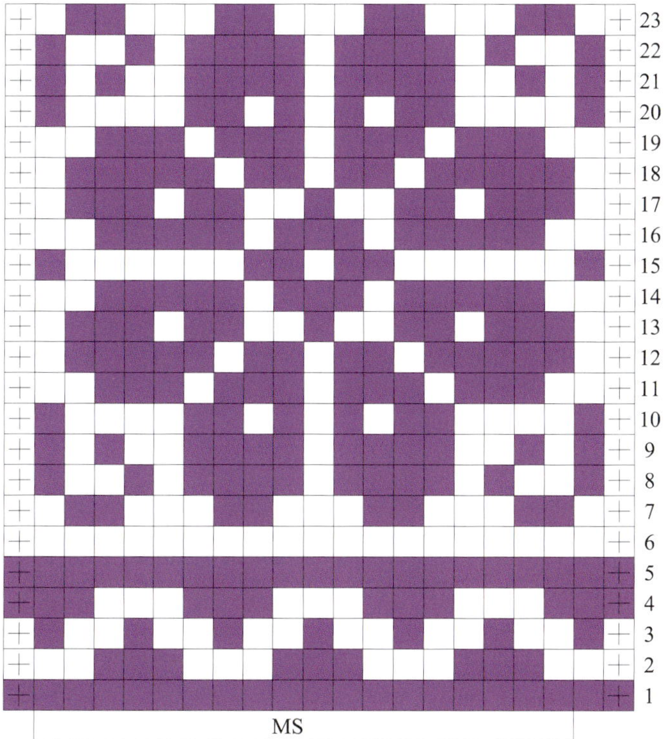

Zeichenerklärung

☐ = 1 Masche rechts in Farbe 1 bzw. 2 – das Knäuel von außen bzw. von innen abstricken

■ = 1 Masche rechts in Farbe 2 bzw. 1 – das Knäuel von innen bzw. von außen abstricken

◩ = 1 Randmasche in angegebener Farbe

MS = Mustersatz

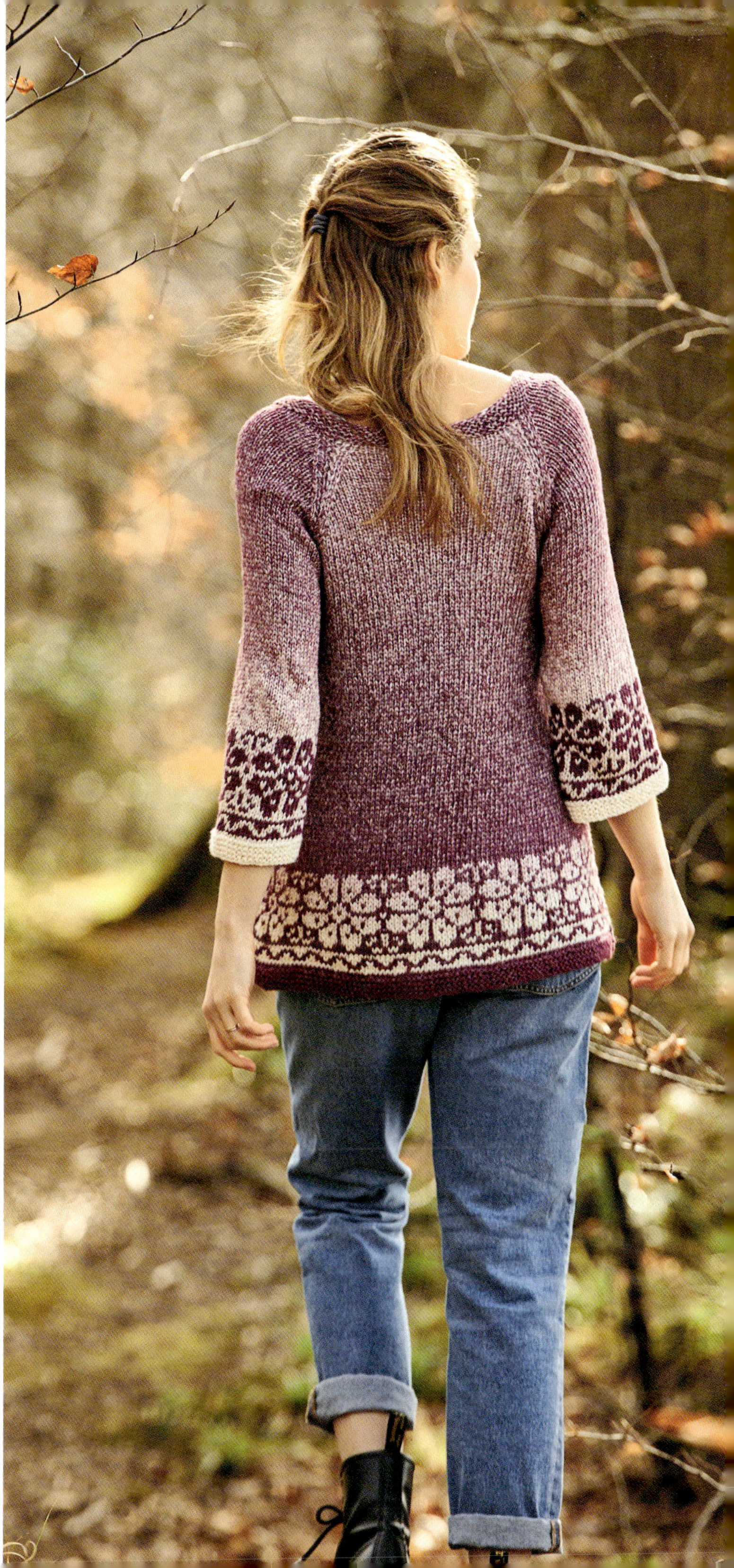

HAZE

Poncho

Größe: 36–40 (42–46) 48–52

MATERIAL

- Woolly Hugs CLOUD (94 % Schurwolle Merino, 6 % Polyamid, Lauflänge ca. 300 m/100 g) von L&K (www.VeronikaHug.com): 300 (400) 400 g Türkis (Farbe 183)
- 1 kurze und 1 normale Rundstricknadel Nr. 6
- Maschenmarkierer

MUSTER

Rippenmuster: 1 Masche rechts, 1 Masche links im Wechsel stricken.

Glatt rechts in Runden: Alle Maschen rechts stricken.

Fair-Isle-Muster in Runden: Die Maschenzahl muss durch 16 teilbar sein. Laut Zählmuster in Jacquardtechnik stricken, dabei den unbenutzten Faden stets locker auf der Rückseite der Arbeit mitführen (siehe Workshop, Seite 8/9). In der Breite den gezeichneten Mustersatz (MS) stets wiederholen, in der Höhe die 1.–14. Runde 2 x und die 29.–37. Runde 1 x arbeiten.

Maschenprobe: 16 Maschen x 21 Reihen = 10 x 10 cm

Hinweis: Das Knäuel hat einen langen, einfachen Farbverlauf, der sich über die komplette Lauflänge erstreckt. Man kann es wunschgemäß von außen oder von innen abstricken. Der Farbverlauf ist bei jedem Knäuel gleich.

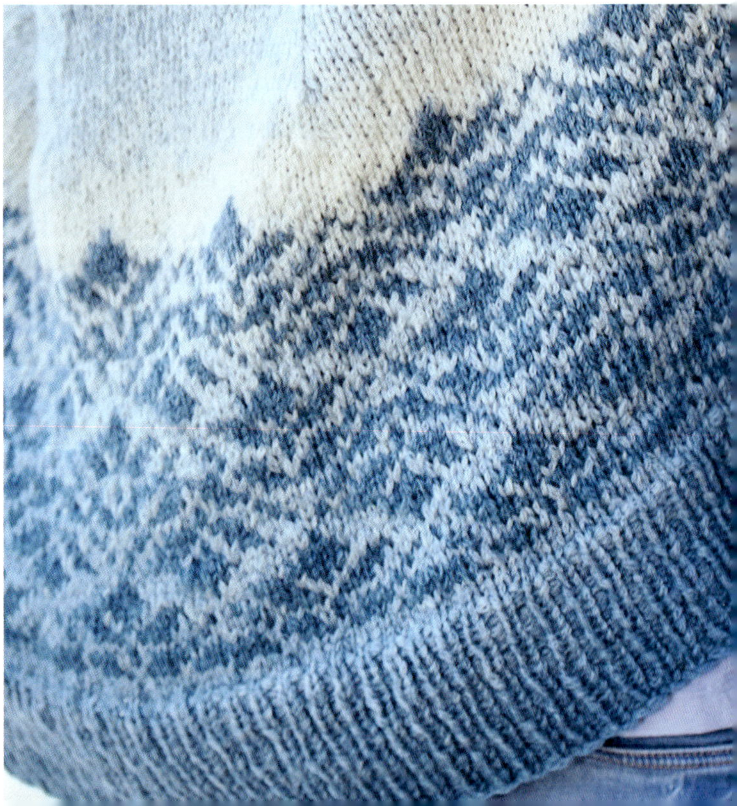

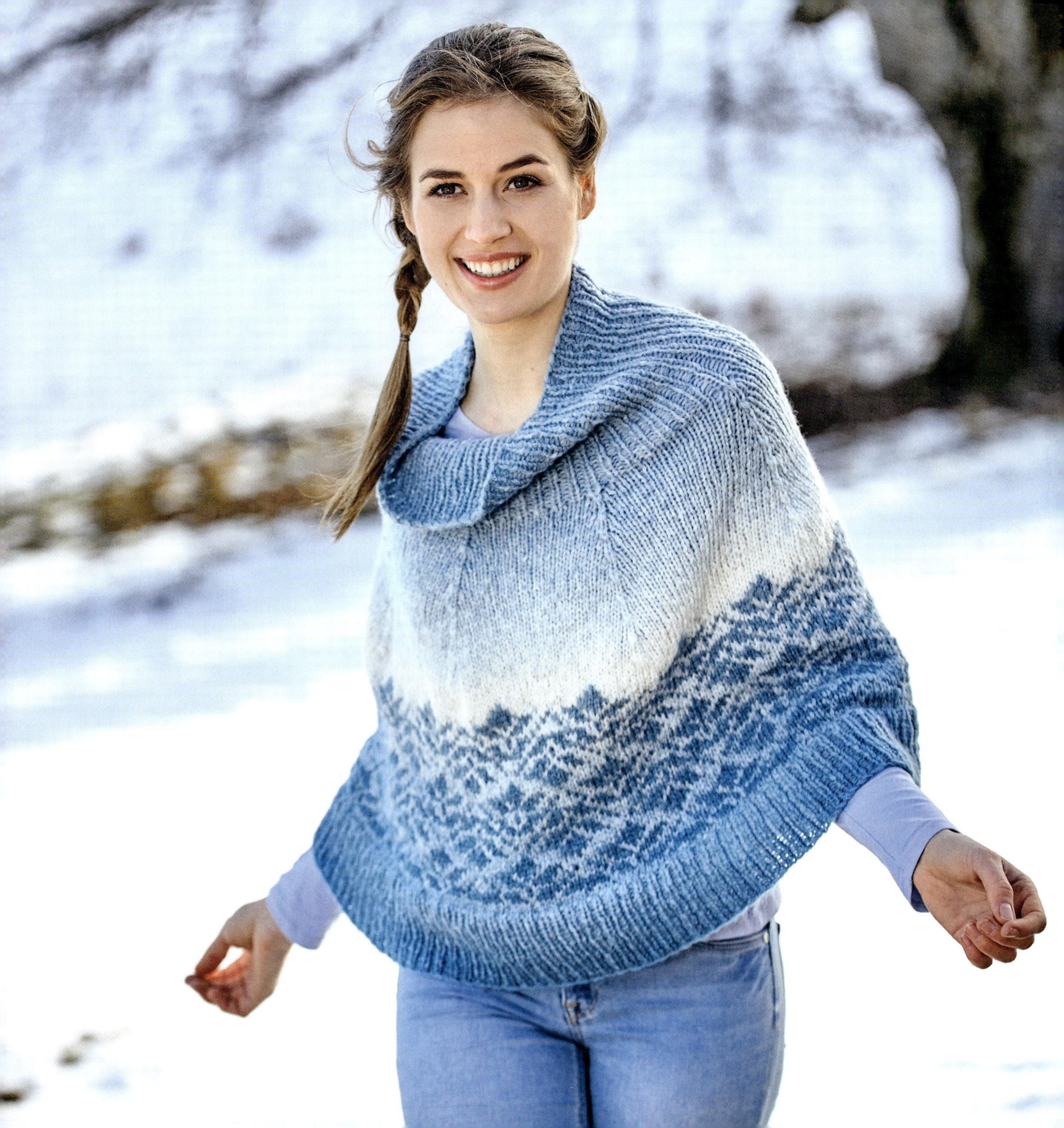

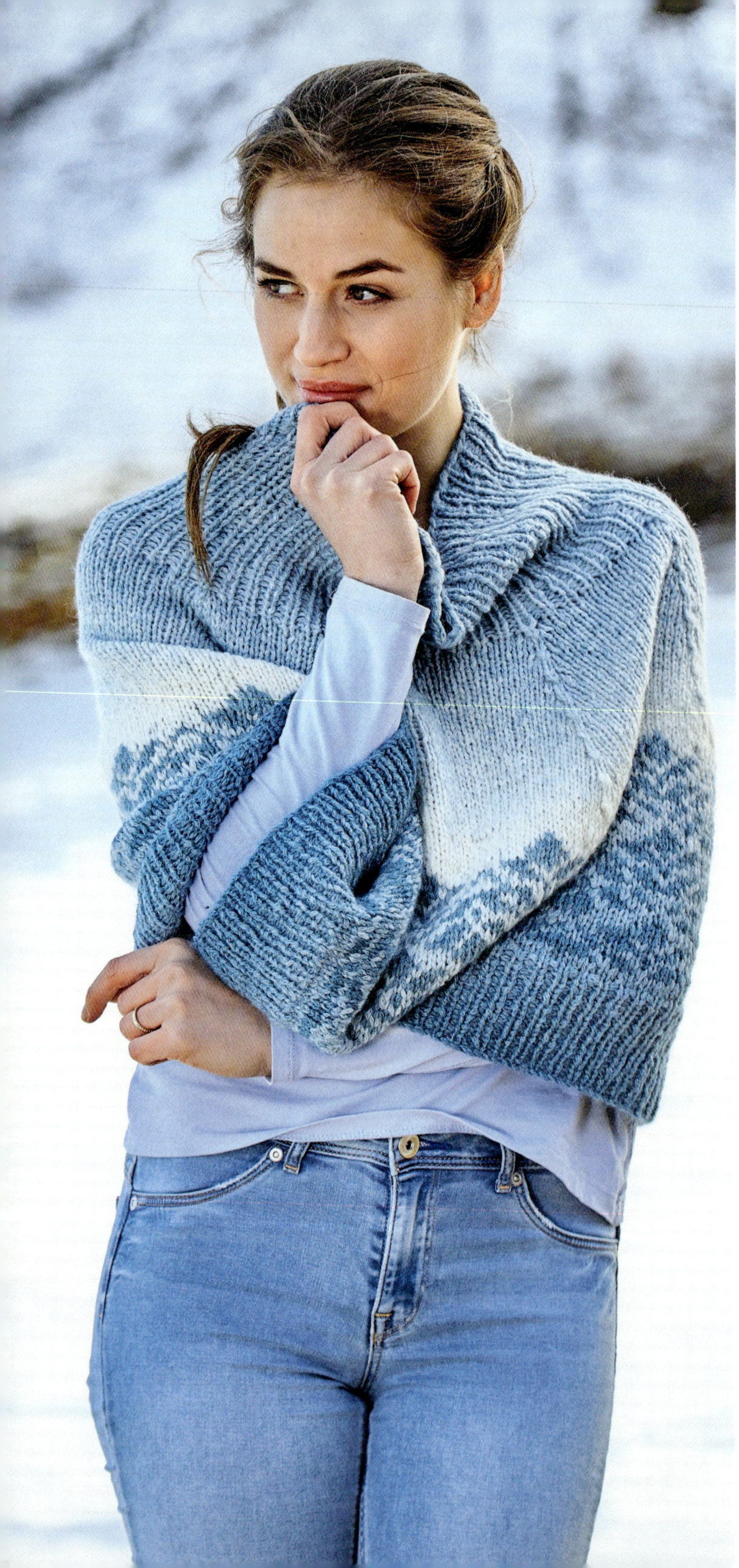

SO WIRD'S GEMACHT

An der unteren Kante beginnend das 1. Knäuel von außen abstricken. Mit der normalen Rundstricknadel 224 (256) 288 Maschen anschlagen und zur Runde schließen. 20 Runden im Rippenmuster arbeiten. Anschließend 2 Runden glatt rechts stricken. Weiter im Fair-Isle-Muster laut Zählmuster arbeiten. Als Farbe 1 das 2. Knäuel von außen abstricken, als Farbe 2 das 1. Knäuel weiter abstricken. Wenn das 1. Knäuel aufgebraucht ist, bei der kleinen Größe das 3. Knäuel farbgleich anstricken, bei den großen Größen das 3. und 4. Knäuel gleichzeitig farbgleich anstricken und nach jeder Runde das Knäuel wechseln. Für die Breite den gezeichneten MS 14 (16) 18 x stricken. Die 1.–14. Runde 2 x, die 29.–37. Runde 1 x arbeiten. Dann 2 (10) 18 Runden glatt rechts in Farbe 2 stricken. Für die Schulterrundung jede 32. Masche markieren und 18 x in jeder 4. Runde die markierte Masche mit den nächsten beiden Maschen überzogen zusammenstricken. Hierfür 2 Maschen zusammen wie zum Rechtsstricken abheben, die nächste Masche rechts stricken und die abgehobenen Maschen darüberziehen. Die Abnahmen stets über den gleichen Abnahmestellen arbeiten = 98 (112)126 Maschen. Mit geringer werdender Maschenzahl die Maschen auf die kurze Rundstricknadel nehmen. Dann 19 cm im Rippenmuster stricken und alle Maschen locker abketten.

Zeichenerklärung

■ = 1 Masche rechts in Farbe 1

□ = 1 Masche rechts in Farbe 2

MS = Mustersatz

Zählmuster

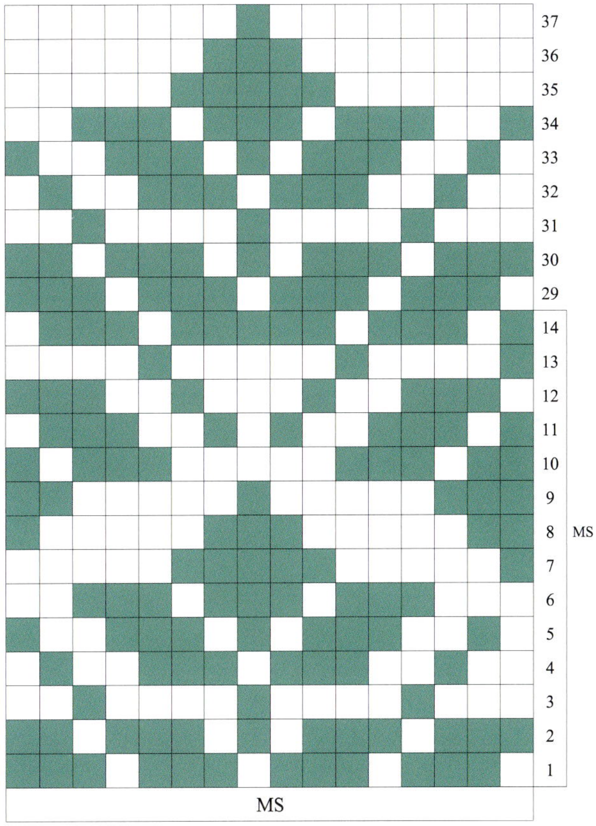

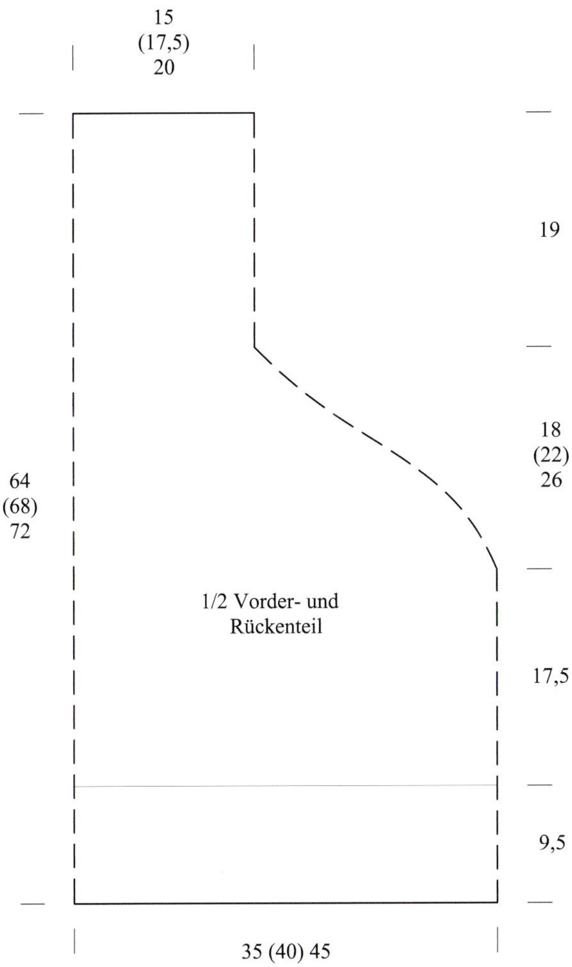

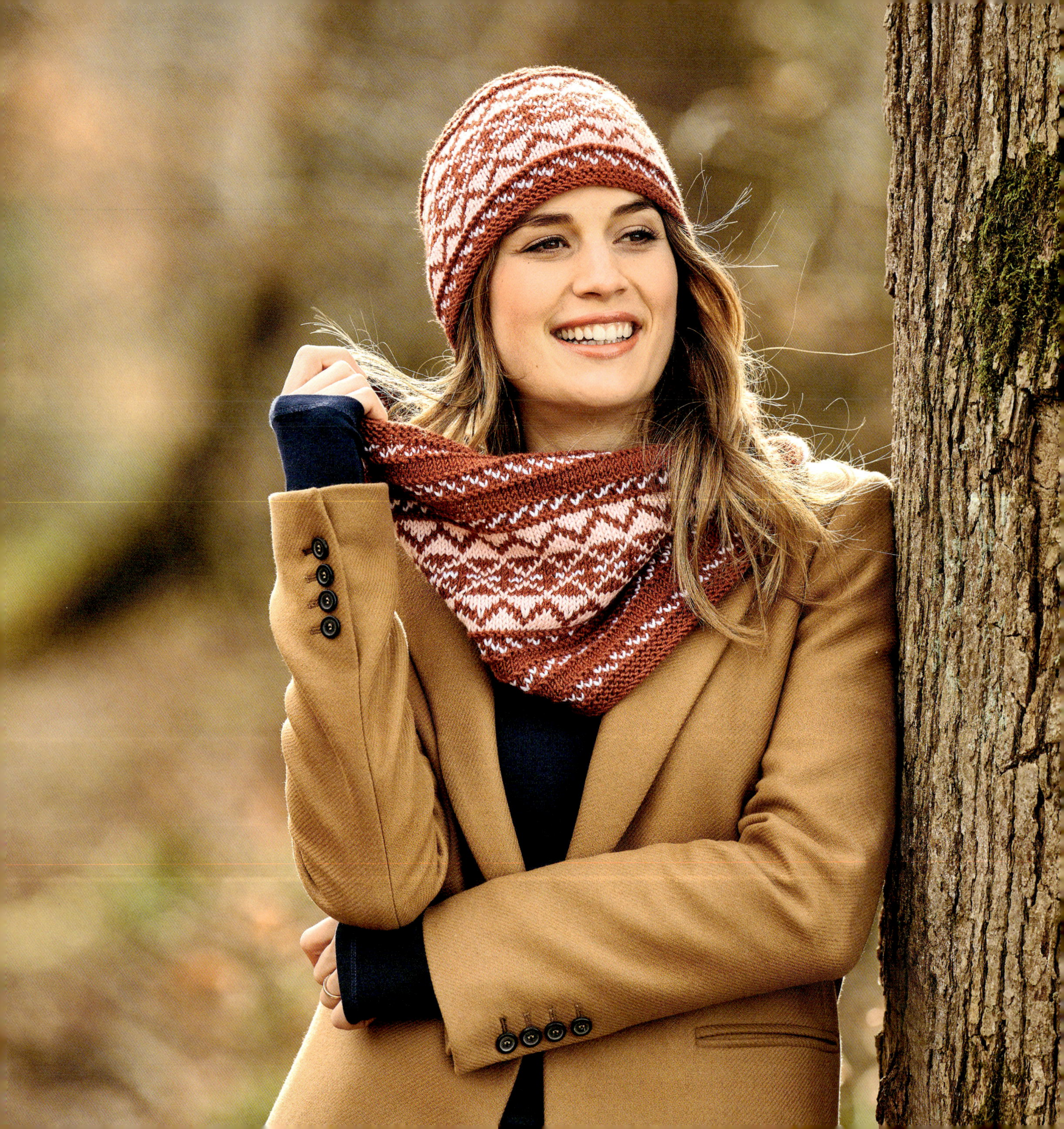

ORKNEY

Mütze & Loop

Größe Mütze: 54–58 cm Kopfumfang · Maße Loop: 78 cm Umfang, 27 cm hoch

MATERIAL

- Woolly Hugs CHARITY (75 % Wolle, 15 % Polyamid, 10 % Polylactid, Lauflänge ca. 100 m/50 g) von L&K (www.VeronikaHug.com): 200 g Terra (Farbe 28) und je 50 g Rosa (Farbe 33) und Weiß (Farbe 01)
- 1 kurze Rundstricknadel Nr. 3,5–4,5
- 1 Nadelspiel Nr. 3,5–4,5

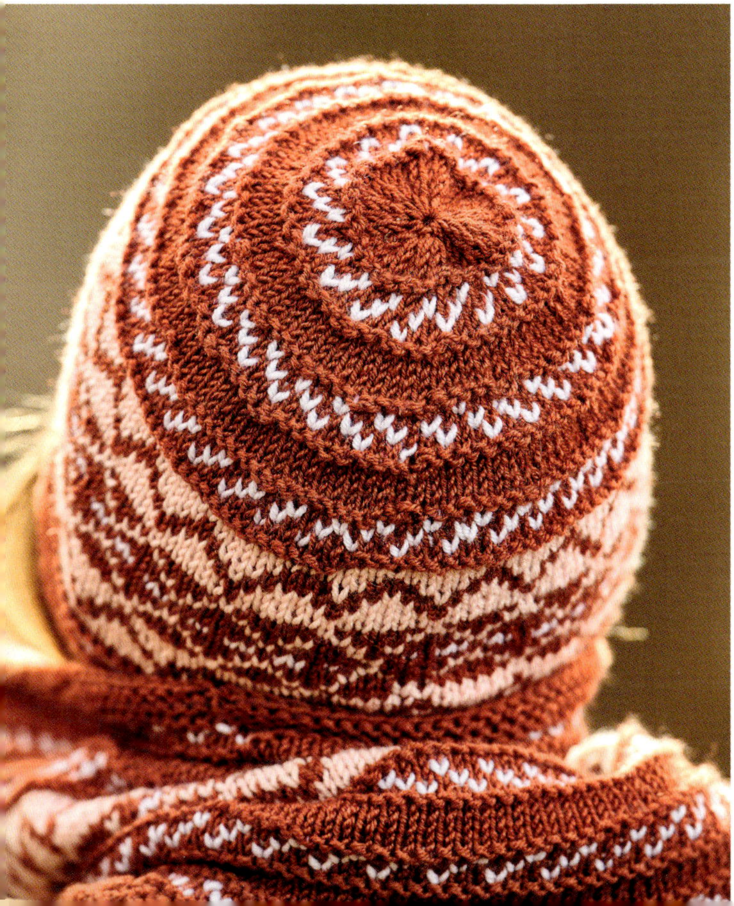

MUSTER

Kraus rechts in Runden: 1 Runde rechte, 1 Runde linke Maschen im Wechsel stricken.

Glatt rechts in Runden: Alle Maschen rechts stricken.

Fair-Isle-Muster in Runden: Die Maschenzahl muss durch 6 teilbar sein. Laut Zählmuster in Jacquardtechnik stricken, dabei den unbenutzten Faden stets locker auf der Rückseite der Arbeit mitführen (siehe Workshop, Seite 8/9). In der Breite den gezeichneten Mustersatz (MS) stets wiederholen. In der Höhe MS 1, MS 2 und MS 3 in der in der Anleitung angegebenen Reihenfolge arbeiten.

Maschenprobe: 20 Maschen x 26 Reihen = 10 x 10 cm

SO WIRD'S GEMACHT

Mütze

Am unteren Rand beginnend in Terra 108 Maschen anschlagen, zur Runde schließen und 2 Runden kraus rechts stricken. Weiter im Fair-Isle-Muster laut Zählmuster in den angegebenen Farben arbeiten. Den gezeichneten MS in der Breite 18 x stricken. Zuerst die 1.–37. Runde laut Zählmuster arbeiten, dabei in der 37. Runde mit den Abnahmen beginnen. Dazu 12 x die 8. und 9. Masche links zusammenstricken = 96 Maschen. Weiter in folgender Musterfolge mit den unten beschriebenen Abnahmen arbeiten: 4 Runden glatt rechts in Terra, MS 1, 4 Runden glatt rechts in Terra, MS 3, enden mit 4 Runden glatt rechts in Terra. Die Abnahmen werden jeweils in den links gestrickten Runden der MS gestrickt. Insgesamt 4 x gleichmäßig verteilt 16 Maschen abnehmen = 32 Maschen. Mit geringer werdender Maschenzahl die Maschen auf das Nadelspiel nehmen. In der letzten Runde die Maschenzahl halbieren. Die restlichen 16 Maschen mit dem Arbeitsfaden fest zusammenziehen und vernähen.

Loop

In Terra 156 Maschen anschlagen und zur Runde schließen. 4 Runden kraus rechts stricken. Weiter im Fair-Isle-Muster laut Zählmuster in den angegebenen Farben arbeiten. Den gezeichneten MS in der Breite 26 x stricken. In der Höhe in folgender Musterfolge arbeiten: MS 1, 4 Runden glatt rechts in Terra, MS 3, 4 Runden glatt rechts in Terra, MS 1, MS 2, MS 3, 4 Runden glatt rechts in Terra, MS 1, 4 Runden glatt rechts in Terra, MS 3, enden mit 4 Runden kraus rechts in Terra. Alle Maschen locker abketten.

Zählmuster

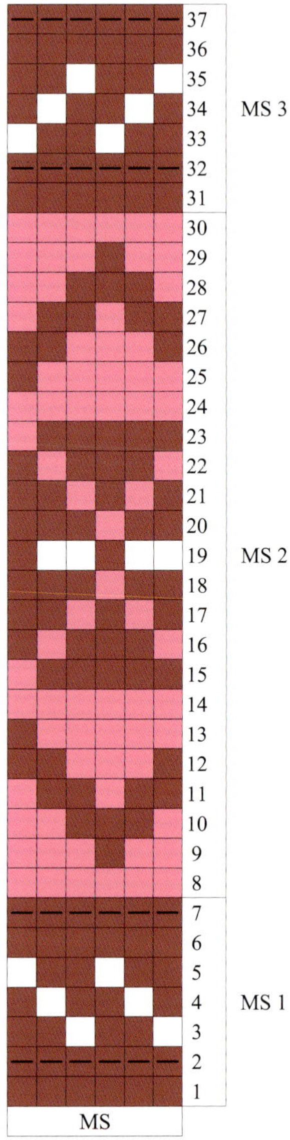

Zeichenerklärung

- = 1 Masche rechts in Terra
- = 1 Masche links in Terra
- = 1 Masche rechts in Rosa
- = 1 Masche rechts in Weiß

MS = Mustersatz

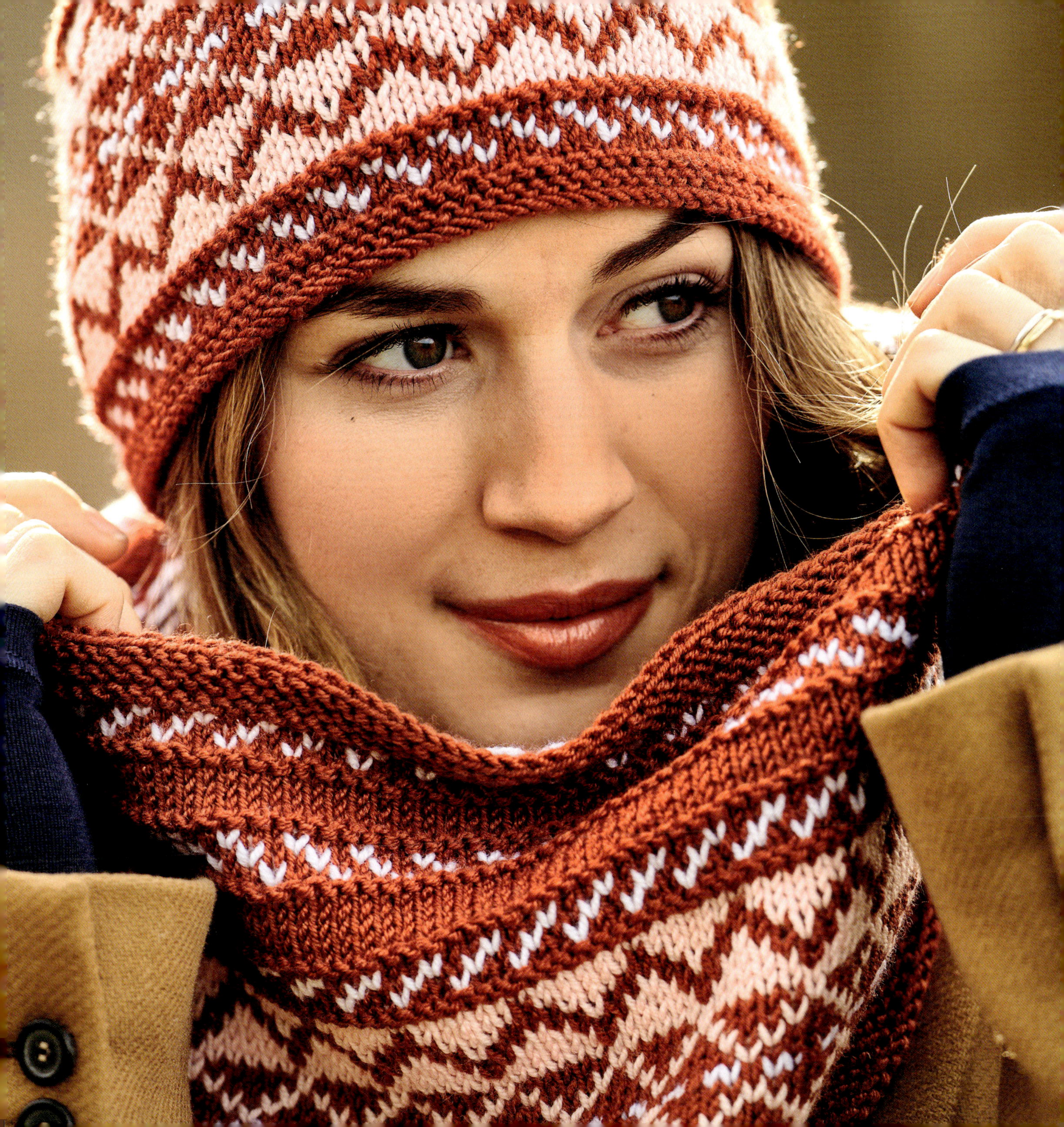

CLOVER

Yoga-Socken & Tasche

Größe Socken: Einheitsgröße, Schaftlänge 14 cm · Maße Tasche: 26 cm breit, 26 cm hoch

MATERIAL

- Woolly Hugs YEAR SOCKS (75 % Schurwolle, 25 % Polyamid, Lauflänge ca. 400 m/100 g) von L&K (www.VeronikaHug.com): 200 g Grün-Töne (Mai – Farbe 05), 100 g Gelb-Töne (März – Farbe 03)
- 1 kurze Rundstricknadel Nr. 3–3,5
- 1 Nadelspiel Nr. 3–3,5
- Baumwollstoff für das Futter: 30 x 60 cm
- 1 Taschengurt
- Nähnadel und -faden

MUSTER

Rippenmuster: 1 Masche rechts, 1 Masche links im Wechsel stricken.

Glatt rechts in Runden: Alle Maschen rechts stricken.

Fair-Isle-Muster: Die Maschenzahl muss durch 12 teilbar sein. Laut Zählmuster in Jacquardtechnik stricken, dabei den unbenutzten Faden stets locker auf der Rückseite der Arbeit mitführen (siehe Workshop, Seite 8/9). In der Breite den gezeichneten Mustersatz (MS) stets wiederholen.

Maschenprobe: 21 Maschen x 35 Reihen = 10 x 10 cm

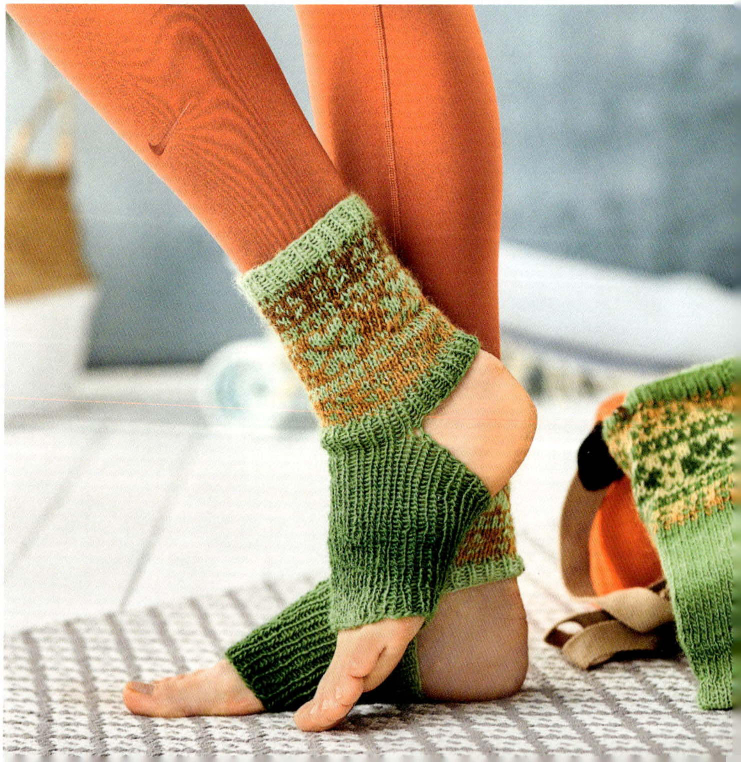

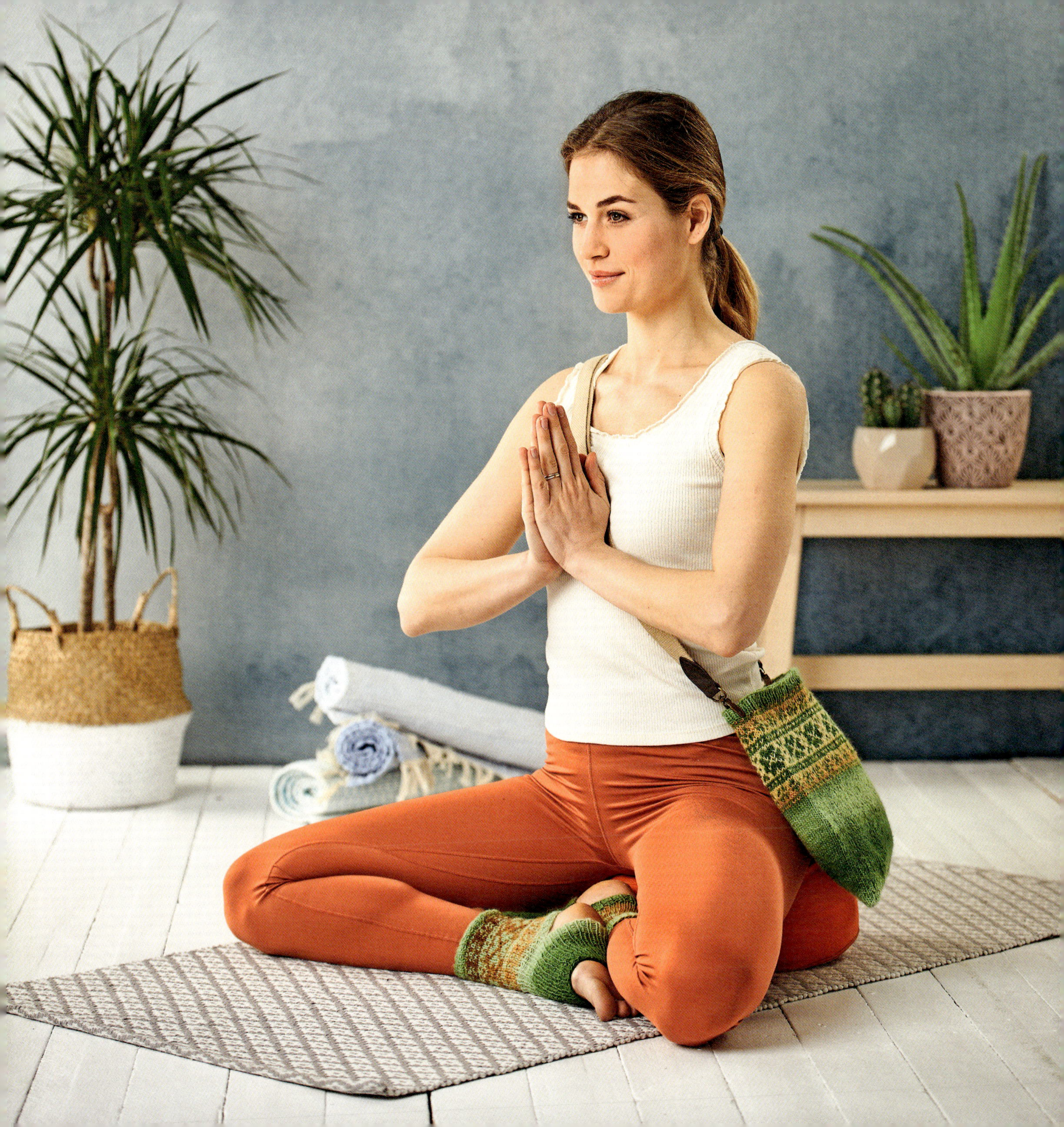

SO WIRD'S GEMACHT

Yogasocken

Am oberen Schaft beginnen. Mit dem Nadelspiel in Farbe 1 48 Maschen anschlagen und zur Runde schließen. 6 Runden im Rippenmuster arbeiten. Dann im Fair-Isle-Muster in den angegebenen Farben laut Zählmuster die 1.–37. Runde 1 x stricken. Weiter in Farbe 1 stricken: 6 Runden im Rippenmuster arbeiten, dabei in der letzten Runde für die Fersenöffnung 24 Maschen abketten und in der nächsten Runde wieder 24 Maschen aufschlingen. Noch 11 cm im Rippenmuster arbeiten, dann alle Maschen locker abketten.

Tasche

Am Taschenboden beginnen. In Farbe 1 mit der Rundstricknadel 120 Maschen anschlagen und zur Runde schließen. 48 Runden glatt rechts arbeiten. Dann im Fair-Isle-Muster in den angegebenen Farben laut Zählmuster die 1.–37. Runde 1 x stricken. Dann 6 Runden in Farbe 1 im Rippenmuster arbeiten. Alle Maschen locker abketten.

Fertigstellung

Die Tasche an der Anschlagkante zusammennähen. Nach Wunsch die Tasche füttern. Hierfür folgende Maße von der Tasche abnehmen: Taschenbreite und Taschenhöhe. Den Baumwollstoff doppelt mit der Außenseite nach innen auslegen. Für die Nahtzugaben beidseitig an den seitlichen Rändern zu der gemessenen Taschenbreite und am Taschenboden je 1,5 cm zugeben. Am oberen Taschenrand 3 cm zugeben. Ein Rechteck in doppelter Stofflage zuschneiden. Die seitlichen und unteren Nähte steppen und versäubern. Zum Anbringen des Taschengurts an der Seitennaht im Abstand von 5 cm zur oberen Stoffkante eine Öffnung lassen und hierfür die Seitennaht unterbrechen. Für den oberen Taschenrand die 3 cm Nahtzugabe zur Tascheninnenseite bügeln und oberhalb der seitlichen Öffnung für den Taschengurt feststeppen. Das Taschenfutter von Hand in die Tasche einnähen. Den Taschengurt anbringen.

Zeichenerklärung

■ = 1 Masche rechts in Farbe 1 – Grün-Töne

□ = 1 Masche rechts in Farbe 2 – Gelb-Töne

MS = Mustersatz

Zählmuster

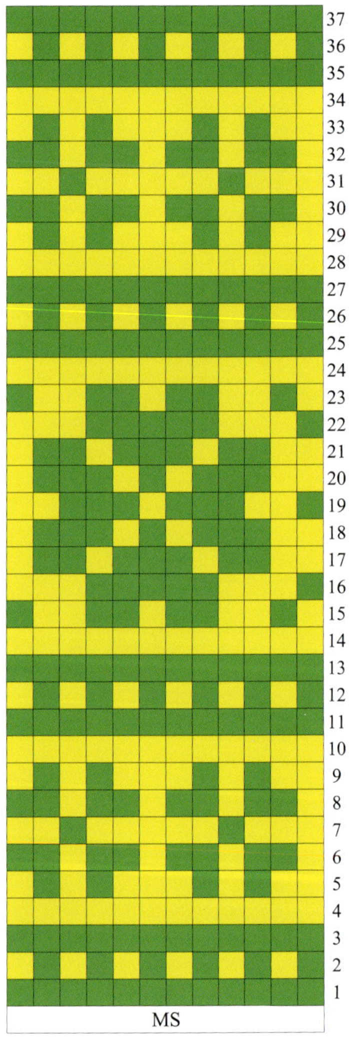

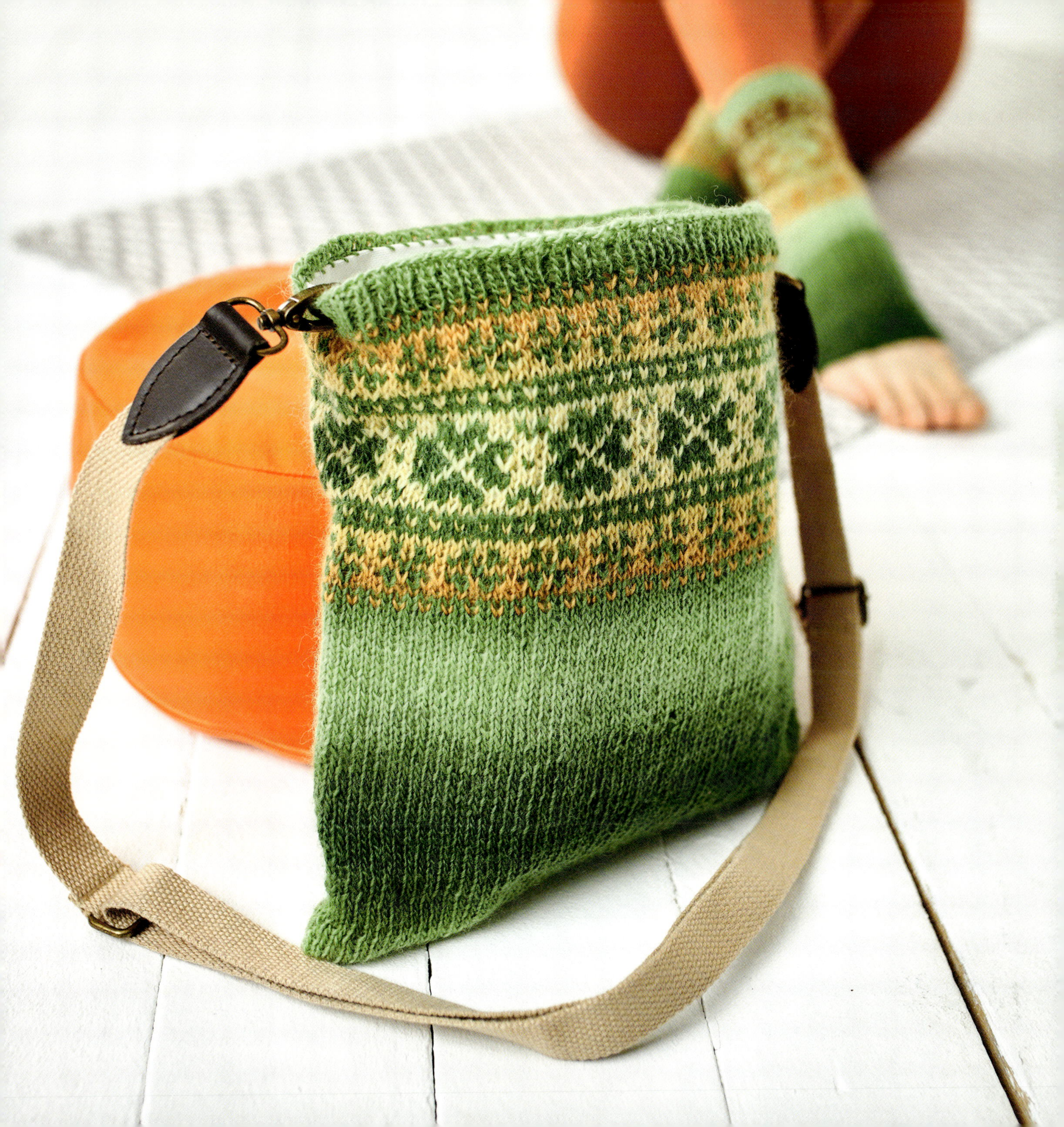

GRUNDKURS STRICKEN

Jacquardmuster/Norwegertechnik

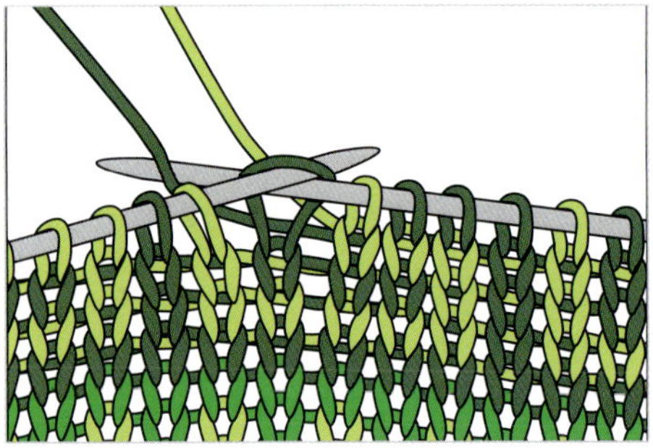

Jacquardmuster werden in zwei oder mehreren Farben gestrickt. Die benötigten Fäden zusammen um den Zeigefinger der linken Hand wickeln (Hauptfarbe oben, Kontrastfarbe unten). Den nicht benötigten Faden auf der Rückseite locker mitführen.

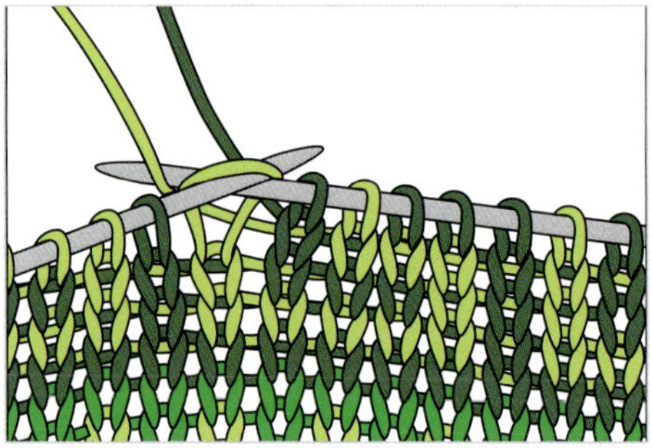

Bei Fadenwechsel die Maschen der rechten Nadel etwas auseinanderschieben, sodass der neue Faden den richtigen Abstand erhält und sich das Gestrick nicht zusammenzieht.

2 Maschen rechts zusammenstricken

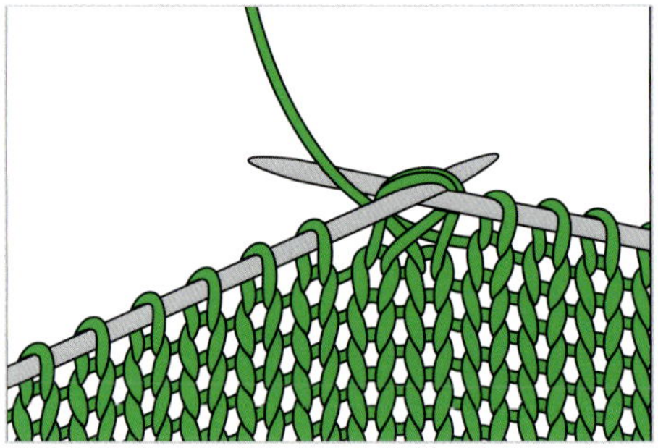

Den Faden hinter die Arbeit legen. Mit der rechten Nadel von links nach rechts durch beide Maschen stechen, den Faden durchholen. Die Maschen von der linken Nadel gleiten lassen.

2 Maschen links zusammenstricken

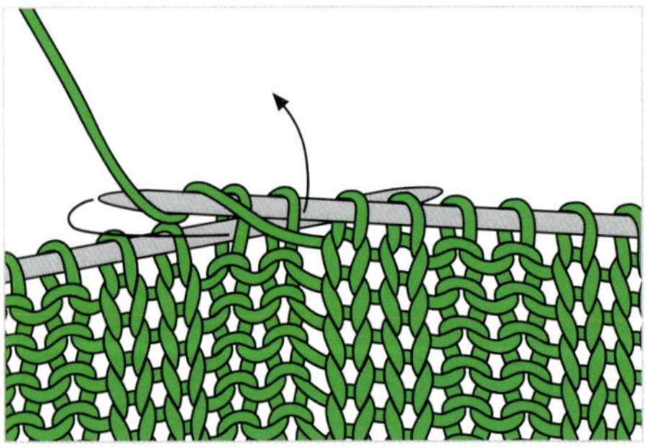

Den Faden vor die Arbeit legen, von rechts nach links durch beide Maschen stechen, Faden durchholen. Die Maschen von der linken Nadel gleiten lassen.

2 Maschen überzogen zusammenstricken

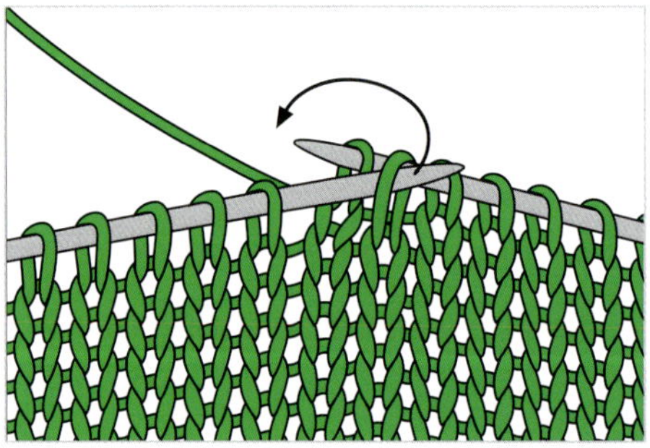

Einfacher Überzug: 1 Masche wie zum Rechtsstricken abheben, die folgende Masche rechts stricken und die abgehobene Masche darüberziehen.

3 Maschen überzogen zusammenstricken

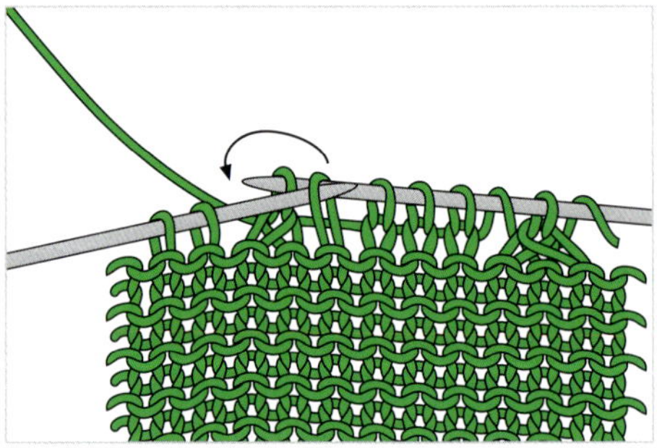

Doppelter Überzug: 1 Masche wie zum Rechtsstricken abheben, 2 Maschen rechts zusammenstricken, die die abgehobene Masche über die zusammengestrickten Maschen ziehen.

Zunahme rechts verschränkt aus dem Querfaden

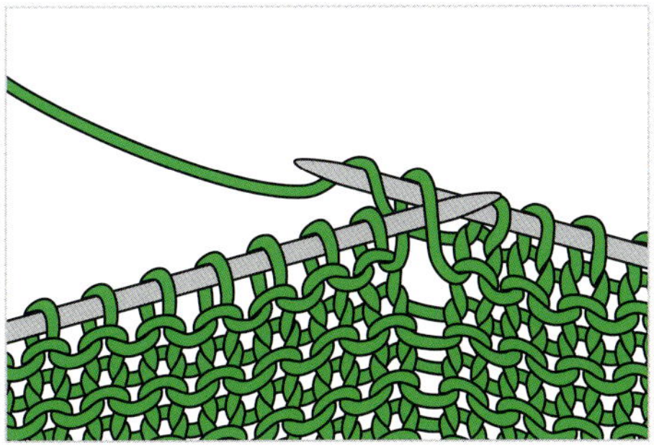

Den Querfaden zwischen 2 Maschen mit der linken Nadel von vorn nach hinten aufnehmen. In den hinteren Schlingenteil einstechen, Faden durchholen und den aufgenommenen Querfaden von der linken Nadel gleiten lassen.

Maschen aufschlingen

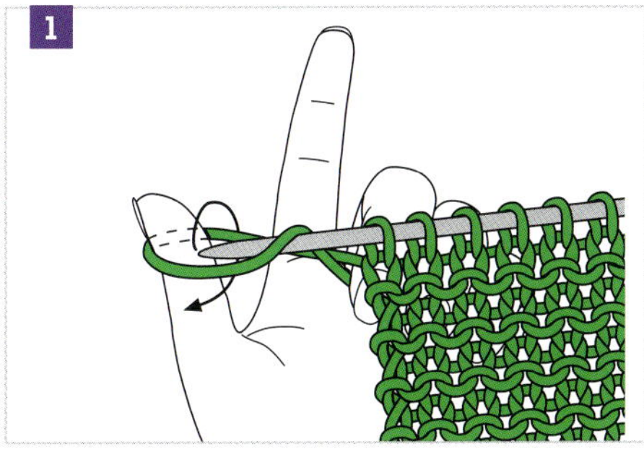

Den Faden von der Nadel kommend von hinten nach vorn um den Daumen legen und festhalten. Mit der rechten Nadel von vorn nach hinten in die Schlinge stechen und den hinteren Faden fassen.

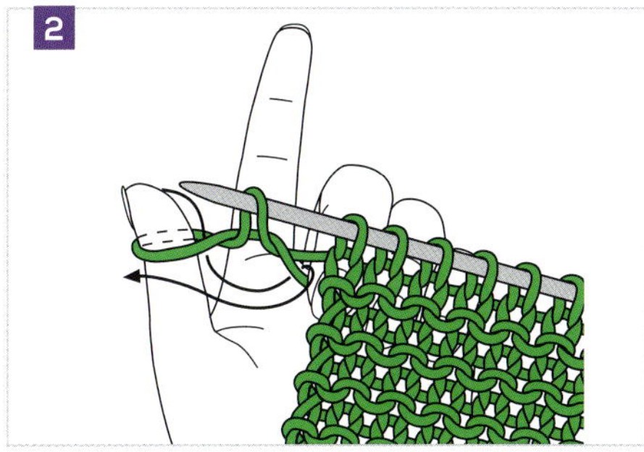

Den Faden zur Schlinge durchziehen, den Daumen aus der Schlinge nehmen und den Faden anziehen, sodass eine neue Masche entsteht. Erneut den Faden mit dem Daumen aufnehmen und fortfahren wie oben beschrieben.

Maschen auffassen

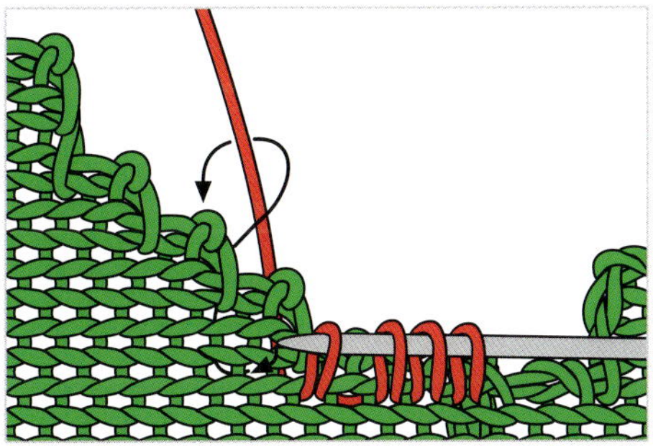

Am Reihenanfang oder -ende: Das außen liegende Maschenglied der 1. Masche nach der Randmasche erfassen und den Faden durchholen. Bei längeren Geraden ca. jede 4. Reihe übergehen.

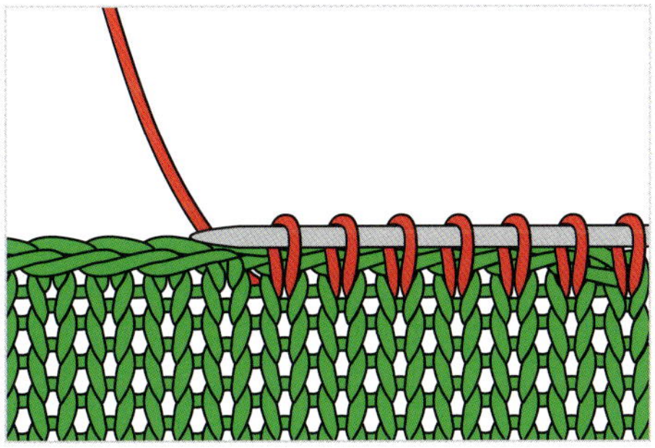

An der Anschlag- oder Abkettkante: In die Masche unterhalb der Kante einstechen und den Faden durchholen. Hier wird aus jeder Masche eine Masche herausgestrickt.

Verzopfung nach links

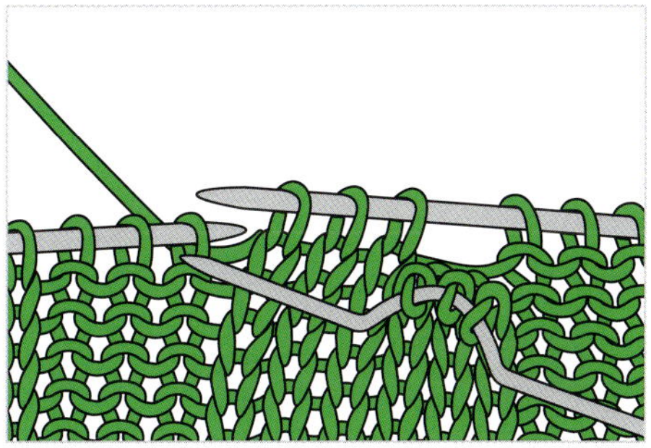

3 Maschen auf eine Zopfnadel nehmen und vor die Arbeit legen. Die folgenden 3 Maschen der linken Nadel rechts stricken, dann die 3 Maschen der Zopfnadel rechts stricken.

IMPRESSUM

Entwürfe und Realisation: Silvia Jäger
Redaktion: Martina Unterfrauner
Lektorat: Johanna Heiß
Fotos: Fotos: Florian Bilger Fotodesign, Shutterstock
Styling: Anna Munz
Strickschriften und Skizzen: Silvia Jäger
Gesamtgestaltung und Satz: graphitecture edition & book
Umschlaggestaltung: Nina Andritzky
Repro: LUDWIG:media
Herstellung: Stephanie Schlemmer
Printed in Slovenia by Florjancic

ISBN 978-3-8410-6583-4

Autorin und Verlag haben alle Angaben und Anleitungen mit größtmöglicher Sorgfalt zusammengestellt. Dennoch kann bei Fehlern keinerlei Haftung für direkte oder indirekte Folgen übernommen werden. Garne, Materialien und Modelle können von den jeweiligen Originalen abweichen. Die bildliche Darstellung ist unverbindlich. Sollte dieses Werk Links auf Webseiten Dritter enthalten, so machen wir uns die Inhalte nicht zu eigen und übernehmen für die Inhalte keine Haftung.

In diesem Buch wird aus Gründen der besseren Lesbarkeit das generische Maskulinum verwendet. Weibliche und anderweitige Geschlechteridentitäten werden dabei ausdrücklich mitgemeint, soweit es für die Aussage erforderlich ist.

Hersteller
Woolly Hugs über Langendorf und Keller GmbH, www.langendorf-keller.de

Die Deutsche Nationalbibliothek verzeichnet diese Publikation in der Deutschen Nationalbibliografie; detaillierte bibliografische Daten sind im Internet über http://dnb.d-nb.de abrufbar.

★★★★★

Sind Sie mit diesem Titel zufrieden? Dann würden wir uns über Ihre Weiterempfehlung freuen. Erzählen Sie es im Freundeskreis, berichten Sie Ihrem Buchhändler, oder bewerten Sie beim Onlinekauf. Und wenn Sie Kritik, Korrekturen, Aktualisierungen haben, freuen wir uns über Ihre Nachricht an Bruckmann Verlag, Postfach 40 02 09, D-80702 München oder per E-Mail an lektorat@verlagshaus.de.

Unser komplettes Programm finden Sie unter
www.christophorus-verlag.de

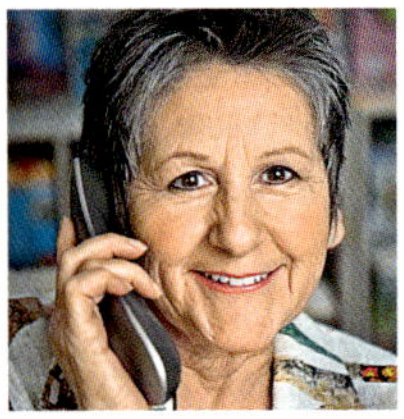

Kreativ-Service

Sie haben Fragen zu den Büchern und Materialien? Frau Erika Noll ist für Sie da und berät Sie rund um alle Kreativthemen. Rufen Sie an! Wir interessieren uns auch für Ihre eigenen Ideen und Anregungen. Sie erreichen Frau Noll per E-Mail: **mail@kreativ-service.info** oder Tel.: **+49 (0) 5052 / 91 18 58**

Besuchen Sie uns im Internet: **www.christophorus-verlag.de**